CATALOGUE DES LIVRES

DE LA BIBLIOTHEQUE

DE FEU MONSIEUR

BERTHOLET-CAMPAN,

Bibliothécaire & Sécretaire du Cabinet de la Reine, Administrateur de la Loterie royale de France;

Dont la Vente se fera le Lundi 9 Janvier 1792, trois heures de relevée, & jours suivans, au Grand Commun, à Versailles.

Se distribue à VERSAILLES, *rue Satory*, No. 5,

Chez BLAIZOT, Libraire ordinaire du Roi & de la Reine,

Et chez M. THÉVENIN, Huissier-Priseur, rue Neuve, No. 9;

Et à PARIS,

Chez FROULÉ, Libraire, Quai des Augustins.

M. DCC. XCII.

CATALOGUE
DES LIVRES
DU CABINET
DE M. CAMPAN.

THÉOLOGIE.

Écriture Sainte.

1 BIBLIA facra. *Paris*, Didot, 1785, 8 *vol. in-8.*

2 Sainte Bible, contenant l'ancien & le nouveau Teftament, par de Carrières. *Paris*, 1750, 6 *vol. in-4.*

3 Explication de l'Ouvrage des fix jours. *Paris*, 1740. *in-12.*

4 Le Sens littéral des Pfeaumes de David. *Paris*, 1728, 2 *tom. en* 1 *vol. in-12. M.*

5 Les douze petits Prophetes, traduits en français. *Paris*, 1680, *in-8.*

6 Le Nouveau Teftament de Jéfus-Chrift, par Amelot. *Paris*, 1688, 2 *vol. in-4.*

A

7 Le Nouveau Teftament, en français. *Paris*, 1693, 5 *vol. in*-8.

8 Harmonie, ou Concorde évangélique. *Paris*, 1716, *in*-8.

9 Hiftoire du vieux & du nouveau Teftament; *fig. Amfterdam*, Pierre Mortier, 1700. 2 *vol. in-fol. V. D. S. Tr.*

Liturgies.

10 Rituale Parifienfe. *Parifiis*, 1701, *in*-4.

11 Miffel de Paris, latin & français. *Paris*, 1752, 11 *vol. in*-12.

12 Miffel de Paris. *Paris*, 1738, 4 *vol. in*-16. *M.*

13 Office de la Sainte Vierge pour tous les jours de la femaine. *Paris*, *Imprimerie royale*, 1747, *in*-12, *M.*

14 L'Office de la Sainte Vierge, en français. *Compiegne*, 1765, *in*-12.

15 La Dévotion au Sacré Cœur de Jefus. *Straf-bourg*, 1746, *in*-12. *M.*

16 Paires d'Heures, imprimées gothiques, avec encadrement. *Paris*, 1517, *in*-8.

17 L'Année chrétienne. *Paris*, 1745, 13 *vol. in*-12.

18 Effais de Morale. *Paris*, 1714, 13 *vol. in*-12.

19 L'Invocation & l'Imitation des Saints, pour tous les jours de l'année. *Paris*, 1751, 3 *vol. in-*12. *M.*

Pères de l'Églife.

20 Sermons de Saint Auguftin fur le Nouveau Teftament. *Paris*, 1730. 4 *vol. in-*8.

21 Les Confeffions de Saint Auguftin. *Paris*, 1735, *in-*12.

22 Les Soliloques de Saint Auguftin. *Paris*, 1752, *in-*12.

23 Les Œuvres de Saint Ambroife fur la Virginité. *Paris*, 1729, *in-*12.

24 Les Épitres fpirituelles de Saint François de Sales. *Paris*, 1676, 2 *vol. in-*12.

25 L'Efprit de Sainte Thérèfe. *Lyon*, 1775, *in-*8. *M.*

26 La Guide des Pêcheurs, par Louis de Grenades. *Paris*, 1740, *in-*8.

27 Thomæ à Kempis de Imitatione Chrifti, Lib. IV. *Lugduni*, *in-*16.

Théologiens Orthodoxes.

28 Le Catéchifme du Concile de Trente. *Paris*, 1678, *in-*12.

29 Catéchifme de Montpellier. *Paris*, 1719, 5 *vol. in-*12.

30 Liber Theologiæ moralis referatus ab Antonio de Escobar & Mendoza. *Lugduni*, 1651, *in*-8.

31 Les Sermons du Père Bourdaloue. *Paris*, Rigaud, 1709, 16 *vol. in*-8. *M.*

32 Sermons de Massillon, le Carême & l'Avent. *Paris*, 1752, 5 *vol. in*-12.

33 Instruction de la Jeunesse en la piété chrétienne. *Paris*, 1754, *in*-12.

34 Instructions sur les principales vérités de la Religion. *Épinal*, 1764, *in*-12.

35 Traité des principes de la Foi chrétienne. *Paris*, 1736, *in*-12.

36 Traité des principes de la Foi chrétienne. *Paris*, 1737, 3 *vol. in*-12.

37 Preuves de la Religion de Jesus-Christ, par M. L. G. *Paris*, 1751, 4 *vol. in*-12.

38 Instruction sur les dispositions qu'on doit apporter au Sacrement de pénitence. *Paris*, 1715, *in*-12.

39 De la fréquente Communion, par Arnauld. *Lyon*, 1739, *in*-8.

40 Advertissement pour bien & fructueusement gaigner les stations & pardons, par Renoult. *Manuscrit sur vélin*, *in*-18.

41 Disputationum de sancto matrimonii Sacramento Tomi tres, R. P. Thomæ Sanchez. *Antuerpiæ*, 1607, *in-fol.* 2 *vol.*

42 Le Pélerinage de deux Sœurs Colombelle &
Volontairette, *fig. Bruxelles*, 1684, *in*-12.

43 Les Allumettes du feu divin, par Frère Pierres.
Paris, 1538, *in*-12.

44 Pélerinage du Calvaire fur le Mont Valérien,
par de Pontbriand, 1745, *in*-18.

45 Le Mariage du Verbe divin avec la Nature
humaine. *Paris*, 1666, *in*-4.

46 Parallele de la Doctrine des Payens avec celle
des Jéfuites, 1726, *in*-8.

47 Hiftoire des cinq Propofitions de Janfenius.
Liege, 1689, 2 *vol. in*-12.

48 Les Enluminures du fameux Almanach des
Jéfuites, *in*-8.

49 Effai du nouveau Conte de la Mère Loye,
1722, *in*-8.

50 De l'importance des Opinions religieufes, par
M. Necker. *Lond.* 1788, *in*-8. *br.*

51 La Vie de Jefus & de Marie, en vers, par
Dequennes, 1651, *in*-12.

52 Lux evangelica fub velum facrorum emblematum. *Coloniœ*, 1655, *in*-12.

53 Emblêmes facrés fur le très-Saint Sacrement.
fig. Paris, 1667, *in*-8.

54 Quadrins hiftoriques de la Bible. *Lyon*, 1558,
in-8. *fig.*

55 Cantiques fur les principaux Myftères de
notre Religion, par Mlle Cuquemelle. *Rennes*,
1738, *in*-12.

56 Cantiques de l'âme dévote, par Laurent Durand. *Marseille*, 1723, *in-*12.

Théologiens hétérodoxes.

57 Lettres fur la Religion effentielle à l'homme. *Amfterdam*, 1738, 2 *vol. in-*12.

58 De l'exiftence & des attributs de Dieu, par Clarke. *Amfterd.* 1717, 2 *vol. in-*12.

59 Apologie pour Hérodote, par Henry Eftienne. *La Haye*, 1735, 3 *vol. in-*12.

60 Lettres fur le Péché imaginaire. 1756, *in-*12.

61 La Difcipline des Eglifes réformées de France, par d'Huiffeau. 1678, *in-*12.

62 Mémoire théologique & politique au fujet du Mariage des Proteftans en France. 1756, *in-*8.

63 Conférence du Diable avec Luther. *Paris*, 1673, *in-*12.

64 La Religion vengée, ou réfutation des auteurs impies, par une Société de Gens de Lettres. *Paris*, 1757, 12 *vol. in-*12.

65 Préfervatif pour un jeune homme de qualité contre l'irréligion & le libertinage. *Nancy*, M.

66 Les Artifices des Hérétiques. *Paris*, 1691, *in-*12.

67 Théologie portative, par l'Abbé Bernier. *Lond.* 1768, *in-*12.

68 La Bible expliquée par les Aumôniers du Roi
de Pruſſe (Voltaire). *Londres*, 1776 , *in-4. br.*

69 Le Ciel ouvert à tous les hommes , *in - 4.*
Manuſcrit.

70 Réfutation des erreurs de Spinoſa. *Bruxelles*,
1731 , *in-12.*

71 Réflexions curieuſes d'un eſprit déſinterreſſé.
Cologne , 1678 , *in-12.*

72 Les trois Impoſteurs , par de Boullainvilliers ,
in-4. Manuſcrit.

73 Le Manuel de la Religion , *in-4.* Manuſcrit.

74 Diſcours ſur les miracles de Jeſus - Chriſt,
2 *vol. in-12. br.*

75 Lettres de Thraſibule à Leucippe. *Lond. in-12.*

76 Hadriani Beverlandi de fornicatione cavendâ
admonitio ad pudicitiam & caſtitatem. 1698,
pet. in-8.

77 Hadriani Beverlandi de ſtolatæ virginitatis
Jure. *Lugd.-Batav.* 1680, *pet. in-8.*

78 Syſtême de la Nature , par Mirabaud. *Lond,*
1770 , 2 *tom.* 1 *vol. in-8.*

79 Réflexions philoſophiques ſur le ſyſtême de
la Nature , par Holland. *Paris*, 1773 , *in-12.*

80 Lettres Chérakeeſiennes miſes en français,
Rome, 1759 , *in-8.*

81 Recueil de Pieces curieuſes ſur les matières
les plus intéreſſantes , par Albert Radicati.
Rotterdam , 1736 , *in-8.*

82 L'Homme machine, par Lamettrie. *Leyde*, 1748, *in*-12.

83 L'Alcoran de Mahomet, par Du Ryer. *La Haye*, 1683, *in*-12.

84 Le Coran, traduit de l'arabe, avec un abregé de la vie de Mahomet, par Savary. *Paris*, 1783, 2 *vol. in*-8.

85 La Vie de Mahomet, par Jean Gagnier. . . . . 3 *vol. in*-12.

86 . . . . u des anciens Grecs. *Ge*- . . . . . *tom. en* 1 *vol. in*-8. *br.*

D R O I T.

Droit Canonique.

87 APPARATUS Innocentii IV Papæ super V Libros decretalium. *Argentinæ*, 1478, *cum literis initialibus auro & minio depictis. in-fol.* C. M. *Vel.*

88 Romani Pontificis privilegia vindicata adversù novissimos detractores, duplex Dissertatio, auth. Aloysio Lucino, *Venetiis*, 1734, *in*-8. *Vel.*

89 Lettres du Pape Clément XIV (Ganganelli). *Paris*, 1776, 4 *vol. in*-12.

90 Defense de l'Église Romaine & des Souverains Pontifes, par Germain. *Liege*, 1696, *in*-12.

91 Taxe de la Chancellerie Romaine , ou la Banque du Pape. *Rome* , 1744 , *in*-12.

92 Traité des deux Puiſſances , ou Maximes ſur l'abus. *Paris* , 1752.

93 Lettres , *Ne repugnate veſtro bono.* Londres , 1750 , *in*-8.

94 Traité de l'autorité des Rois touchant l'adminiſtration de l'Egliſe , par de Burtigny. *Londres* , 1753 , *in*-12.

105 Diſcours ſur l'Origine des prétendues Immunités des Biens eccléſiaſtiques, par Frère Paolo. *Avignon* , 1750 , *in*-12.

96 Hiſtoire de l'origine des revenus eccléſiaſtiques, par Acoſta. *Francfort* , 1703 , *in*-12.

97 Du pouvoir des Souverains & de la liberté de conſcience, par Barbeyrac. *Amſterdam* , 1714 , *in*-12.

98 Traité de la Puiſſance eccléſiaſtique. 1707 , *in*-8.

99 Code eccléſiaſtique. *Paris* , 1778 , 2 *tomes en* 1 *vol. in*-4.

Droit Civil.

100 L'Eſprit des Loix, par Monteſquieu. *Genéve* , 1759 , 2 *tom. en* 1 *vol in*-4.

101 Œuvres poſthumes de Monteſquieu. *Lond.* 1783 , *in*-12.

102 Le Droit de la Nature & des Gens , par le

baron de Puffendorf. *Basle*, 1750, 2 *vol.*
in-4.

103 Droit de la Guerre & de la Paix, par
Grotius. *Amsterdam*, 1724, 2 *vol. in-4.*

104 Les Fondemens de la Jurisprudence naturelle, par Pestel. *Utrecht*, 1774, *in-8.*

105 Principe du Droit naturel, par Burlamaqui.
Genève, 1747, 2 *vol . in-4.*

106 Traité des Loix civiles. *La Haye*, 1774.
2 *tom. en* 1 *vol. in-8.*

107 Œuvres de d'Aguesseau. *Paris*, 1772, 7
vol. in-4.

108 Traité du Pouvoir du Magistrat politique.
Londres, 1751, *in-12.*

109 Mémorial alphabétique concernant la Justice, la Police. *Paris*, 1704, *in-8.*

110 Traité de la Police, par Delamarre. *Paris,*
1705, 2 *vol. in-fol.*

111 Dictionnaire universel de Police, par Des
Essarts. *Paris*, 1786, *les 7 premiers volumes
in-4. en carton.*

112 Supplément sur l'Histoire générale des Tri-
bunaux. *Paris*, 1784, 9 *vol. in-8.*

113 Collection de Jurisprudence, par Denisart.
Paris, 1768, 4 *vol. in-4.*

114 Traité des délits & des peines, traduit de
l'italien. *Lausanne*, 1766, *in-12.*

115 Choix de nouvelles Causes célèbres avec les

Jugemens qui les ont décidées, par M. Des Essarts. *Paris*, 1785, 15 *vol. in-*12. St. B.

116 Abregé des Causes célebres, par Besdel. *Paris*, 1787, 3 *vol. in-*12.

117 Procès du marquis de Gesvres. *Amsterdam*, 1774, 2 *vol. in-*12.

118 Recueil général des pieces concernant le Procès de Mlle. Cadière & du Père Girard. *La Haye*, 1731, 8 *vol. in-*12.

119 Notice des Diplomes, des Chartes & des Actes relatifs à l'Histoire de France, par l'Abbé Defoi. *Paris, Imprimerie royale*, 1765. Tom. premier, *in-fol. br.*

120 Mémoires pour servir à l'Histoire du Droit public de la France, depuis 1756 jusqu'au mois de juin 1775. *Bruxelles*, 1779, *in-*4.

121 La Jurisprudence du Grand Conseil. *Avignon*, 1775, 2 *vol. in-*8. *br.*

122 Traité des Connaissances des Domaines du Roi, par Berthelot. *Paris*, 1725, *in-*4.

123 Contrat conjugal, ou Loix du Mariage, par M. Scenes des Maisons. *Neufch.* 1784, *in-*12.

124 Ordonnances & Réglemens de la Marine. *Paris, Imprimerie royale*, 1786. *in-*8. *br.*

125. Les Coutumes Anglo-Normandes. *Rouen*, 1776, 4 *vol. in-*4.

126 Institutions au Droit public d'Allemagne. *Strasbourg*, *in-*8.

SCIENCES ET ARTS.

Philofophes anciens & modernes.

127 Ocellus Lucanus, grec & latin, avec des differtations fur diverfes queftions de Métaphyfique, &c. par le marquis d'Argens. *Utrecht,* 1762, *pet. in-8. vel. verd.*

128 L. Annæi Senecæ Opera omnia, & M. Ann. Senecæ rhetoris quæ extant. *Lugd.-Batav. Elz.* 1640, 3 *tom. en* 7 *vol. in-16. V. F.*

129 C. Plinii Secundi naturalis hiftoriæ Lib. cum not. Var. *Lugd.-Batav.* 1669, 4 *vol. in-8.*

130 Réflexions morales de l'Empereur Marc-Antonin, par Mad. Dacier. *Amfterd.* 1740, *in-12.*

131 Les Caractères de Théophrafte, par de la Bruyère. *Amfterdam,* 1741, 2 *vol. in-12.*

132 Les Apophtegmes des Anciens, tirés de Plutarque, de Diogène Laërce, traduction de Perrot. *Paris,* 1664, *in-4.*

133 Traité de Plutarque fur la manière de difcerner un flatteur d'avec un ami; & le Banquet des fept Sages. *Paris, Imp. royale,* 1772, *in-8.*

134 La Morale de Platon. *Paris,* 1657, *in-8.*

135 Entretiens de Phocion. *Amfterdam*, 1763, *in*-12.

136 Monde primitif avec le Monde moderne, par Court de Gebelin. *Paris*, 1775, 9 *vol. in*-4.

137 Hiftoire naturelle de la Parole, par Court de Gebelin. *Paris*, 1776, *in*-8.

138 Analyfe de la Philofophie du Chancellier Bacon. *Amfterd.* 1755, 2 *vol. in*-12.

139 Effais de Michel de Montaigne. *Paris*, 1657, *in-fol.*

140 Effais de Montaigne. *Lond.* 1745, 7 *vol. in*-12.

141 De la Sageffe, par Charron. *Leyde*, *Elzevir*, *in*-16.

142 Neuf Dialogues faits à l'imitation des Anciens, par Oratius Tubero. *Francfort*, 1716, 2 *vol. in*-12.

143 De la Recherche de la Vérité, par Malebranche. *Paris*, 1721, *in*-4. 2 *tom. en* 1 *vol.*

144 Œuvres d'Helvetius. *Londres*, 1777, 5 *vol. in*-12, *br.*

145 De l'Efprit. *Paris*, 1758, *in*-4.

146 Examen des critiques du Livre de l'Efprit. *Lond.* 1760, *in*-12.

147 La Philofophie du Bon-Sens, par le marquis d'Argens. *La Haye*, 1740, 2 *vol. in*-12.

148 Mélanges de Littérature, d'Hiftoire & de Philofophie. *Berlin*, 1753, 2 *tom.* 1 *vol. in*-12.

149 Taité de paix entre Defcartes & Newton. *Avignon*, 1763, 3 *vol. in*-12.

150 Examen du Fatalifme. *Paris*, 1757, 3 *vol. in*-12.

151 De la Nature, par Robinet. *Amfterd.* 1761, 2 *vol. in*-8.

152 La Philofophie de la Nature, par de l'Ifle. *Lond.* 1777, 6 *vol. in*-8.

153 Les Œuvres du Philofophe bienfaifant. *Paris*, 1763, 4 *vol. in*-8.

154 Code de la Nature, ou la véritable Exper. de fes Loix par-tout. 1755, *in*-12.

Morale, Politique, & Éducation.

155 Réflexions, Sentences, Maximes morales, par Amelot de la Houffaye. *Paris,* 1754, *in*-12.

156 Traité du vrai Mérite de l'homme, par le Maître de Claville. *Paris,* 1737, 2 *vol. in*-12.

157 Les Mœurs, par Touffaints. 1748, *in*-12.

158 Mémoires pour fervir à l'hiftoire des Mœurs du dix-huitième fiècle. 1751, *in*-12.

159 Joannis Saresberienfis Policraticus. *Lugd.-Batav.* 1595, *in*-12.

160 La Jouiffance de foi-même. *Utrecht,* 1759, *in*-12.

161 L'Horloge des Princes avec le très-renommé Livre de Marc-Aurele. *Paris,* 1569, *in*-12.

(15)

162 Les Devoirs des Grands. *Paris*, 1667. *M.*

163 Le Prince de Machiavel. *Amst.* 1696, *in-*12.

164 Principes de Morale, par Formey. *Leyde*, 1762, 2 *vol. in*-12.

165 La Morale universelle, ou Devoirs de l'homme fondés sur la Nature. *Amst.* 1776, 2 *vol. in*-12. *br.*

166 La Règle des devoirs que la Nature inspire à tous les hommes. *Paris*, 1758, 4 *vol. in*-12.

167 Systême social. *Lond.* 1773, 3 *vol. in*-8. *br.*

168 De l'Homme, par Marat. *Amsterdam*, 1776, 3 *vol. in*-12. *br.*

169 Dialogues sur les Plaisirs, sur les Passions, sur le Mérite des Femmes, par Dupuy. *Paris*, 1717, *in* 12.

170 Mario Equicola d'Alveto, di natura d'amore, ricaretto per Thomaso Porcacchi. *Vinegia, Giolito*, 1561, *in*-8. *Vel.*

171 L'Ami des Vieillards, par l'Abbé le Roi. *Paris*, 1784, 2 *vol. in*-16. *B.*

172 L'Ordre naturel des Sociétés politiques. *Londres*, 1767, 2 *tom. en* 1 *vol. in*-12.

173 Considérations sur le Méchanisme des Sociétés, par le marquis de Casaux. *Londres*, 1785, *in*-8. *br.*

174 L'Alembic des loix, ou Observations de l'ami des Français, par Vogien. *Hispaan*, 1773, 2 *vol. in*-8. *br.*

175 Principes de la Législation universelle. *Amst.* 1776 , 2 *vol. in-8. br.*

176 La Politique naturelle, par un ancien Magistrat. *Londres* , 1773 , 2 *vol. in-8. br.*

177 L'Accord parfait de la nature & de la raison, par un Gentilhomme de Normandie. *Cologne,* 1753 , *in-12.*

178 Recherches sur l'origine du Despotisme oriental. *in-12* , 1761.

179 La Censure des vices & des manières du monde. *Paris* , 1775 , *in-12.*

180 De la Passion du Jeu, par M. Dusaulx. *Paris , Imprimerie Royale* , 1779 , *in-8.*

181 Essai sur le caractère, les mœurs & l'esprit des femmes, par M. Thomas. *Paris* , 1772 , *in-8.*

182 Notions claires sur les Gouvernemens. *Amsterdam* , 1787 , 2 *vol. in-8. br.*

183 Histoire du Gouvernement du Nord. *Amsterd.* 1780 , 4 *vol. in-12.*

184 Le Commerce & le Gouvernemént, par l'Abbé de Condillac. *Amsterd.* 1776 , *in-12.*

185 Recherches sur la nature & les causes de la richesse des Nations. *Londres* , 1788 , 2 *vol. in-8. br.*

186 Dictionnaire de l'Industrie, par une Société de Gens de Lettres. *Paris* , 1776 , 3 *vol. in-8.*

187 De l'Esprit du Gouvernement économique, par

par Bœfnier Delorme. *Paris*, 1775, *in*-8.

188 L'Ami des hommes, ou Traité de la Population, par Mirabeau. *Avignon*, 1756, 3 *vol. in*-4.

189 Dictionnaire économique, par Chomel. *Paris*, 1740, 4 *vol. in-fol. dont* 2 *de Supplément*.

190 Manuel hiftorique, géographique & politique du Commerce, par Paganucci. *Lyon*, 1762, 3 *vol. in*-8.

191 La parfaite intelligence du Commerce, par Maliffet. *Paris*, 1785, 2 *vol. in*-8.

192 Dictionnaire du Commerce. *Bouillon*, 1770, 4 *vol. in*-8.

193 La Science des Négocians, par de la Porte. *Paris*, 1732, *in*-8.

194 Dictionnaire du Citoyen. *Paris*, 1762, 2 *tom.* en 1 *vol. in*-8.

195 Le Secret des Finances, par Froumenteau. 1581, *in*-12.

196 La Gallerie des Combinateurs de l'École royale militaire. *Paris*, 1773, *in*-12.

197 Moyens d'extirper l'ufure, par un avocat. *Paris*, 1775, *in*-12.

198 L'Art des Lettres de Change, par Jacques Dupuis. *Paris*, 1628, *in*-8.

199 Établiffement d'une Caiffe générale des Épargnes du Peuple. *Bruxelles*, 1786, *in*-8.

200 La Dîme royale. *La Haye*, 1764, *in*-8.

201 Traité des Etudes, par Rollin. *Paris*, 1736, 4 *vol. in-*12.

202 Eſſai ſur l'origine des Connaiſſances humaines. *Amſterdam*, 1746, 4 *vol. in-*12.

203 Education des Enfans, de Locke, trad. par Coſte. *Paris*, 1747, 3 *vol. in-*12.

204 La Science des Perſonnes de Cour. *Paris*, 1752, 8 *vol. in-*12.

205 Le Lycée de la Jeuneſſe, par Mouſtalon. *Paris*, 1786, 2 *vol. in-*12.

206 Inſtitution d'un Prince, ou Traité des qualités d'un Souverain. *Lond.* 1740, 4 *vol. in-*12.

207 Entretiens d'un jeune Prince avec ſon Gouverneur. *Londres*, 1785, 4 *vol. in-*12. *br.*

208 Cours d'Etudes pour l'inſtruction du Prince de Parme, par l'Abbé de Condillac. *Parme*, 1775, 16 *vol. in-*8. *r. St. B.*

Métaphyſique.

209 De l'Action de Dieu ſur les créatures. *Paris*, 1713, *in-*4.

210 Eſſai de Pſycologie. *Londres*, 1755, *in-*12.

211 Hiſtoire naturelle de l'âme, trad. de l'anglais de Charp. *La Haye*, 1745, *in-*12.

212 Eſſai philoſophique concernant l'entendement humain, de Locke. *Amſterd.* 1700, *in-*4.

213 Recherches ſur l'Entendement humain, par

(19)

Thomas Reid. *Amſterd.* 1758, 2 *vol. in-*12.

214 Hiſtoire de l'Eſprit humain. *Paris,* 1670, *in-*8.

215 La Métaphyſique des bons eſptits, par d'Abil-
lon. *Paris,* 1642, *in-*8.

216 Nouveau Syſtême du Microcoſme, par de
Tymorgue. *La Haye,* 1727, *in-*8.

217 Dictionnaire philoſophique, ou Introduction
à la connaiſſance de l'Homme. *Paris,* 1762,
*in-*8.

218 L'Homme éclairé par ſes beſoins. *Paris,*
1764, *in-*12.

219 Théorie des ſentimens agréables. *Paris,*
1748, *in-*12.

220 Lettres philoſophiques ſur les phiſionomies.
La Haye, 1748, *in-*12.

221 Eſſai ſur les probabilités de la vie humaine,
par Deparcieux. *Paris,* 1746, *in-*4. *br.*

222 Recherches philoſophiques ſur la ſenſibilité
de la vie animale, par de Seze. *Paris,* 1786,
*in-*8. *br.*

223 Eſſai philoſophique ſur l'âme des bêtes.
Amſterdam, 1728, *in-*12.

224 Les Merveilles du ciel & de l'enfer, trad.
du latin de Swedenborgh. *Berlin,* 1782, *in-*8.
br.

225 Recherches ſur la nature du feu de l'enfer,
traduit de l'anglais par Bion. *Amſterdam,*
1757, *in-*12.

226 Hiſtoire du Diable. *Amſterd.* 1730 , 1 *vol.* *in-*12.

227 La Demonomanie des Sorciers, par Bodin. *Rouen* , 1604 , *in-*12.

228 Hiſtoire des Diables de Loudun. *Amſterd.* *in-*12.

229 La Philoſophie occulte , de Henry Corn. Agrippa. *Lond.* 1727 , 2 *tom. en* 1 *vol. in-*8.

230 Le comte de Gabalis, ou Entretiens ſur les Sciences ſecrettes , par l'Abbé de Villars, *Londres* , 1742 , 2 *vol. in-*12.

231 Secrets merveilleux du petit Albert. *Colog.* 1722 *in-*18.

Phyſique & Hiſtoire naturelle.

232 Le Spectacle de la Nature, & l'Hiſtoire du Ciel. *Paris* , 1737 , 11 *vol. in-*12.

233 Etudes de la Nature, par M. de St. Pierre. *Paris* , 1784 , 4 *vol. in-*12. *br.*

234 Expériences de Phyſique , par de Poliniére. *Paris* , 1734 , 2 *vol. in-*12.

235 Leçons de Phyſique expérimentale, par l'Abbé Nollet. *Paris* , 1754 , 6 *vol. in-*12.

236 Cours de Phyſique expérimentale , par le R. P. Pezenas. *Paris* , 1752 , 1 *vol. in-*4.

237 Opuſcules de Phyſique, par l'Abbé Spallan-zani. *Paris* , 1787 , 3 *vol. in-*8. *br.*

(21)

238 Traité élémentaire de Physique, par Brisson.
Paris, 1789, 3 vol. in-8. M.

239 Institutions de Physique. Paris, 1740, in-8.

240 Nouveaux Principes de Physique, par M.
Carra. Paris, 1782, 4 vol. in-8. br.

241 Mémoires philosophiques, historiques &
physiques, par Dom Ulloa. Paris, 1787, 2 vol.
in-8. br.

242 Lettres de l'Abbé Sestini sur l'Histoire naturelle, l'Industrie & le Commerce. Paris, 1789,
3 vol. in-8. br.

243 Traité de Météorologie, par le Père Cotte.
Paris, Imprimerie royale, 1774, in-4.

244 Recherches sur les modifications de l'Atmo-
sphère, par Leduc. Paris, 1784, 4 vol. in-8.
br. fig.

245 Description des expériences aérostatiques de
Montgolfier, par M. Faujas. Paris, 1783,
in-8. br.

246 Chroa-Généfie, ou Génération des couleurs
contre le syftême de Newton, par Gautier.
Paris, 1750, 2 vol. in-12.

247 Telliamed, ou Entretiens d'un Philosophe
Indien, par de Maillet. Amsterd. 1748, in-8.

248 Histoire des anciennes Révolutions du Globe
terrestre. Amsterd. 1752, in-12.

249 Traité historique & pratique de la végétation,
par M. Muftel. Paris, 1782, 4 vol. in-8, br.

250 Traité de l'exploitation des Mines. *Paris*, 1778, 2 *vol. in*-4.

251 Defcription méthodique du Cabinet des Mines, par M. Lefage. *Paris, Imprimerie royale*, 1784, *in*-8. *br.*

252 Dictionnaire univerfel des Fofliles, par Bertrand. *La Haye*, 1768, *in*-8. 2 *tom.* 1 *vol.*

253 Metallurgie, ou l'Art de tirer & de purifier les Métaux, par Graflin. *Paris*, 1751, 2 *vol. in*-12.

254 Elémens de Minéralogie docimaftique, par M. Lefage. *Paris*, 1772, *in*-8.

255 Elémens de Minéralogie, par Lefage. *Paris, Imprimerie royale*, 1777, 2 *vol. in*-8.

256 Exercitatio de origine & viribus Gemmarum, auth. Roberto Boyle. *Londini*, 1673, *pet. in*-12.

257 Art de la Verrerie de Neri, Merret & Kunckel. *Paris*, 1759, *in*-4.

258 Philofophie rurale, ou l'Economie de l'Agriculture. *Amfterd.* 1763, 3 *vol. in*-12.

259 Sur la légiflation & le commerce des Grains. *Paris*, 1775, 2 *vol. in*-8.

260 Le Bonheur dans les campagnes. 1 *vol. in*-8. *broché.*

261 L'Agronome, ou Dictionnaire portatif du Cultivateur. *Paris*, 1763, 2 *vol. in*-8.

262 Dictionnaire univerfel des Plantes de la

France, par M. Buchoz. *Paris*, 1770, 4 *vol.*
in-8. M.

263 Flore Françaife, ou Defcription de toutes les
Plantes qui croiffent naturellement en France,
par le Chevalier de la Marck. *Paris*, 1778, 3 *v.*
in-8. br.

264 Première Centurie des Planches enluminées,
par M. Buchoz. *in-fol. br.*

265 Defcription des Plantes de l'Amérique, par
Plumier. *Paris*, *Imprimerie royale*, 1693,
in-fol. br.

266 Lettres d'un Cultivateur Américain. *Paris*,
1784, 2 *vol. in-8.*

267 Mémoires fur les Vins, par l'Abbé Rozier.
Paris, 1772, *in-8.*

268 Précis fur la Canne, par Dutrône Lacouture.
1790, *in-8. M.*

269 Hiftoire naturelle, générale & particulière,
avec la defcription du Cabinet du Roi, par
Buffon. *Paris*, *Imprimerie royale*, 1749, 34 *vol.*
in-4. fig.

270 Dictionnaire d'Hiftoire naturelle, par Valmont de Bomare. *Paris*, 1764, 5 *vol. in-8. &*
1 *de Supplément.*

271 Mémoires pour fervir à l'hiftoire des In-
fectes, par Reaumur. *Paris*, *Imprimerie royale*,
1734, *in-4.* 6 *vol. fig.*

272 Traité fur le venin de la Vipère, & fur les

(24)

poifons Américains , par Félix Fontana. *Florence* , 1781 , *in-4. 2 vol. br.*

273 Ichtyologie, ou Hiftoire naturelle, générale & particulière des Poiffons , avec des figures enluminées, deffinées d'après nature , par Marc-Eliéfer Bloch. *Berlin* , 1785 , *6 parties , in-fol. en feuilles.*

Médecine , Chirurgie & Chymie.

274 Hippocratis Aphorifmi , gr. & latinè, ex editione Annæ Caroli Lorry. *Paris* , 1753 , *in-16.*

275 Joan. Fernelii univerfa Medicina. *Lugduni Batavorum* , 1645 , *2 vol. in-8. veau.*

276 Principia Phyfico-medica , à D. Helvetius. *Parifiis* , 1742, *2 tom. en 1 vol. in-8.*

277 Le Cours de Médecine , ou Miroir de beauté & fanté corporelle. *Lyon* , 1664 , *in-4.*

278 Effai fur la conformité de la Médecine. *Paris* , 1768 *in-12. br.*

279 Anecdotes hiftoriques fur la Médecine. *Amft.* 1785 , *2 vol. in-12. br.*

280 Œuvres pofthumes de Pouteau , Docteur en Médecine. *Paris* , 1783 , *2 vol. in-8.*

281 Ouvrage de Pénélope , ou Machiavel en Médecine. *Genève* , 1748 , *3 vol. in-12. br.*

282 Hiftoire de la fanté , ou l'Art de la conferver, trad. de l'anglais. *Paris* , 1759 , *in-8.*

283 L'Art de conserver sa santé, par l'Ecole de Salerne. *Paris*, 1749, *in*-12.

284 Elémens de Physiologie, par Haller. *Paris*, 1752, *in*-8.

285 Traité des Sens, par Lecat. *Amsterd*. 1744, *in*-8.

286 Histoire de la Chirurgie depuis son origine jusqu'à nos jours, par Dujardin. *Paris, Imprimerie royale*, 1774, 2 *vol. in*-4.

287 Nouveaux Elémens d'Anatomie raisonnée. *Paris*, 1749, *in*-8.

288 Exposition anatomique du Corps humain, par Winslow. *Amsterd*. 1754, 4 *vol. in*-12.

289 Exposition anatomique des Organes des Sens, par Dagoty. 1775, *in-fol*.

290 De la génération de l'Homme, ou Tableau de l'Amour conjugal, par Nicolas Venette. *Hambourg*, 1745, 2 *vol. in*-12.

291 De l'Homme & de la Femme considérés dans l'état du Mariage. *Lille*, 1772, 2 *tom. en* 1 *vol. in*-12.

292 La Génération, ou Exposition des phéno-mènes relatifs à cette fonction naturelle, par de Haller. *Paris*, 1774, 2 *vol. in*-8. *r. St. B.*

293 Dictionnaire de santé. *Paris*, 1759, 2 *vol. in*-8.

294 De la santé des Gens de Lettres, par Tissot. *Lausanne*, 1769, *in*-12.

295 Inſtitutions importantes au Peuple ſur les maladies chroniques, par Fernint. *Paris*, 1768. *in*-12.

296 Recherches ſur les maladies chroniques, par Bacher. *Paris*, 1776, *in*-8.

297 Contre - poiſons de l'arſenic, par Naviér. *Paris*, 1777, 2 *vol. in*-12. *M.*

298 Traité des maladies de la poitrine, par M. Dupré de Liſle. *Paris*, 1769, *in*-12.

299 Traité des affeĉtions vaporeuſes du Sexe, par Raulin. *Paris*, 1758, *in*-12.

300 Traité des affeĉtions vaporeuſes, par M. Pomme. *Paris*, *Imp. royale*, 1782, *in*-4.

301 L'Onaniſme, par Tiſſot. *Lauſ.* 1764, *in*-12.

302 Traité des maladies des enfans, traduit de l'anglais. *Paris*, 1786, *in*-8. *br.*

303 Eſſai ſur l'éducation médécinale des enfans & ſur leurs maladies. *Paris*, 1753, 2 *vol. in*-12.

304 Albertus magnus de ſecretis mulierum. *Amſt.* 1669, *in*-8.

305 Traité des plaies d'armes à feu, par Deſport. *Paris*, 1749, *in*-12. *M.*

306 L'Art de ſoigner les pieds, par M. Laforeſt. *Paris*, 1781, *in*-12. *M.*

307 Mémoires ſur l'éleĉtricité, par M. Mauduit. *Paris*, 1784, *in*-8. *br.*

308 Mémoires ſur la découverte du Magnétiſme animal. *Paris*, 1779, *in*-8.

309 Cours de Chymie, par Lemery. *Paris*, 1756, *in*-4.

310 Elémens de Chymie, par Macquer. 1746, *in*-12.

311 Elémens de Chymie, par Macquer. *Paris*, 1756, 2 *vol. in*-12.

312 Dictionnaire de Chymie, par Macquer. *Paris*, 1766, 2 *vol. in*-8.

313 Chymie expérimentale, par Baumé. *Paris*, 1773, 3 *vol. in*-8.

314 Leçons de Chymie, par Shaw. *Paris*, 1759, *in*-4.

315 Le triomphe hermetique, ou la Pierre philo-sophale. *Amsterdam*, 1710, *in*-12.

316 Analyse chymique des trois règnes, par M. Lesage. *Paris*, *Imprimerie royale*, 1786, 3 *vol. in*-8. *br.*

Arts.

317 Encyclopédie, ou Dictionnaire raisonné des Sciences, des Arts & Métiers ; *Savoir :*
17 *vol.* de Discours,
11 de Planches,
5 de Supplément, dont 1 de Planches.
Paris, 1751. *br.*

318 Dictionnaire universel des Sciences, ou Bibliotheque de l'homme d'État & du Citoyen,

par Robinet. *Lond.* 1778, 30 *vol. in-*4. *r. S. B.*

319 Defcription des Arts & Métiers. 20 *vol. in-fol. en parchemin vert* , & 13 *cahiers bro-chés. Paris* , 1767 & *fuiv.*

320 Nouveau Dictionnaire univerfel des Arts & des Sciences, français , latin & anglais. *Avignon* , 1756, 2 *vol. in-*4.

321 Dictionnaire des Beaux-Arrs. *Paris* , 1752, *in-*8.

322 Dictionnaire des Arts & Métiers. *Paris,* 1766 , 2 *vol. in-*8.

323 Anecdotes des Beaux-Arts. *Paris* , 1776 , 2 *vol. in-*8.

324 Secrets concernant les Arts & Métiers. *Bruxelles* , 1766, 2 *tom. en* 1 *vol. in-*12.

325 La Méchanique appliquée aux Arts , aux Manufactures , par Berthelot. *Paris* , 1781 , *tom. prem. in-*4. *br.*

326 Amufemens philofophiques fur diverfes parties des Sciences. *Amflerdam* , 1763 , *in-*8.

327 L'Art de tourner, par M. Plumier. *Paris,* 1749 , *in-fol.*

328 Elementa mathefeos univerfæ. *Genevæ* , 1732 , 5 *vol. in-*8.

329 Dictionnaire de Mathématique & de Phyfique , par Saverien. 1753 , 2 *vol. in-*4.

330 Nouveau Cours de Mathématique , par Bélidor. *Paris* , 1725 , *in-*4.

331 Traité élémentaire de Mathématique, par
le Monnier père. *Paris , Imprimerie royale,*
1758 , *in*-8.

332 Elémens de Mathématique , par Lamy.
Paris , 1741 , *in*-12.

333 Recréations mathématiques & physiques,
par Ozanam. *Paris ,* 1696, 2 *vol. in*-8.

334 Pratique de la Géométrie, par le Clerc.
Paris , 1682 , *in*-12.

335 La Géométrie pratique , par Bedos. *Paris,*
1760 , *in*-8.

336 La Trigonométrie , avec les tables des Sinus,
par Ozanam. *Paris ,* 1741 , *in*-8.

337 Application de l'algebre à la Géométrie ,
par Guifnée. *Paris ,* 1783, *in*-4.

338 Effai d'analyfe fur les Jeux de hazard.
Paris , 1713 , *in*-4.

339 L'Arithmétique rendue fenfible , par Gaf-
pard de Vallois. *Paris ,* 1748 , *in*-8.

340 Arithmétique univerfelle, par Joffeaume.
Paris , 1754 , *in*-12.

341 Traité complet d'Arithmétique , par M.
Trincano. *Paris ,* 1781 , *in*-8.

342 Traité des Parties doubles, par Barême.
Paris , 1721 , *in*-4.

343 Traité de la Conftruction & Ufages des
Inftrumens de Mathématique, par Bion. *Paris ,* 1752 , *in*-4.

344 Traité de la Sphère, par Rivard. *Paris*, 1757, *in*-8.

345 L'Ufage du Compas, par Ozanam. *Paris*, 1688, *in*-8.

346 Traité d'Horlogiographie. *Lyon*, 1691, *in*-12.

347 Traité d'Horlogerie, par le Paute. *Paris*, 1765, *in*-4.

348 Optique de Newton, par Beauzée. *Paris*, 1787, 2 *vol. in*-8. *br.*

349 Traité d'Optique méchanique, par Thomin. *Paris*, 1749, *in*-8.

350 Nouvelles Découvertes faites avec le Microfcope, par Tremblet. *Leyde*, 1747, *in*-12.

351 Aftronomie, par M. Delalande. *Paris*, 1764, 2 *vol. in*-4.

352 Hiftoire de l'Aftronomie ancienne, depuis fon origine, par M. Bailly. *Paris*, 1781, *in*-4. *br.*

353 Lettres fur l'Origine des Sciences, par M. Bailly. *Londres*, 1777, *in*-8. *br.*

354 Lettres fur l'Atlantide de Platon, par M. Bailly. *Paris*, 1779, *in*-8. *br.*

355 Cométographie, ou Traité des Cometes, par Pingré. *Paris*, *Imprimerie royale*, 2 *vol. in*-4. *br.*

356 Méthode de lever les Plans & Cartes. *Paris*, 1750, *in*-12.

357 Sexti Julii Frontini Strategematicum Libri. *Lugd. Batav.* 1675, *in-16.*

358 L'Ecole de Mars, pat Guignard. *Paris,* 1725, 2 *vol. in-4.*

359 Essai général de Tactique, par Guibert. *Londres,* 1772, 2 *tomes en* 1 *vol. in-4.*

360 Le véritable Vauban. *La Haye,* 1790. *in-8.*

361 Examen critique du Militaire Français. *Genève,* 1781, 2 *vol. in-8. br.*

362 Le Munitionnaire des armées de France, par Nodot. *Paris, in-8.*

363 Marine militaire, par M. Ozanne, *in-8.*

364 Manuel des Marins. *L'orient,* 1773, 2 *tom. en* 1 *vol. in-8.*

Architecture, Peinture, Musique, &c.

365 Architecture de Vignole. *Paris,* 1691, 3 *vol. in-4.*

366 Architecture pratique, par Bullet. *Paris,* 1762, *in-8.*

367 Dictionnaire de Peinture & d'Architecture. *Paris,* 1746, 2 *vol. in-12.*

368 Discours prononcés à l'Académie Royale de Peinture, par Reynolds. *Paris,* 1787, 2 *vol. in-8. br.*

369 La vraie Science de la Pourtraicture, par Jean Cousin. *Paris,* 1576, *in-4. oblong.*

370 L'Ecole de la Miniature. *Paris*, 1769, *in-12.*

371 Dictionnaire iconologique. *Paris*, 1777, *in-12.*

372 Recueil de Peintures antiques, trouvées à Rome, imitées fidèlement, pour les couleurs & le trait, d'après les desseins coloriés, par Pietro Sante Bartoli. *Paris*, Didot, 1783, 3 *vol. in-fol.* V. Ec. D. S. Tr.

373 Le grand Livre des Peintres, ou l'Art de la Peinture, par Gérard de Lairesse. *Paris*, 1787, 2 *vol in-4. br.*

374 Joan. Greill Bavrn Iconographia, complectens Passionem, miracula, vitam Christi, prospectus portuum, palatiorum, hortorum, historiarum, &c. edente Melchiore Kysell. (146 estamp.). *Aug. Vindel.* 1670, *in-fol. obl.*

375 Collection des vases inventés & dessinés, par de Fontanieu. 1770, *in-fol. M. fig.*

376 Œuvres complettes d'Antoine-Raphaël Mengs, traduit de l'Italien. *Paris*, 1787, 2 *vol. in-4. br.*

377 Catalogue des Tableaux du Roi, par Lépicié. *Paris, Imprimerie royale,* 2 *vol. in-4.*

378 Essai sur la Musique ancienne & moderne, par la Borde. *Paris*, 1780, 4 *vol. in-4.*

379 Elémens de Musique de Rameau, par d'Alembert. *Paris*, 1742, *in-8.*

380 L'Art du Chant, par Berard. *Paris*, 1755. *in-8.*

381 Théorie de la Mufique, par de Bethizi. *Paris*, 1764, *in-8.*

382 Le Chanfonnier Français. 8 *vol. in-12.*

383 Les à propos de fociété. 1776. 3 *vol. in-8.*

384 Recueil de Vaudevilles gaillards, Manufcrits. 6 *vol. in-8. M.*

385 Choix de Chanfons mifes en mufique, par M. Delaborde. *Paris*, 1773, 2 *vol. in-8. fig.*

386 Lettres fur la Danfe, par Noverre. *Vienne*, 1767, *in-12.*

387 Les Délices de là Campagne, ou les Rufes de la Chaffe & de la Pêche. *Amfterd.* 1700, *in-12.*

388 Académie des Jeux. *Paris*, 1779, 2 *tom.* en 1 *vol. in-12.*

BELLES-LETTRES.

Grammairiens.

389 Ambrosii Calepini Dictionarium octolingue. *Lugduni*, 1663, *in-fol.*

390 Lexicon hiftoricum, geographicum, poëticum, à Carolo Stephano. *Parifiis*, 1620, *in-8.* parch.

391 Le Jardin des Racines grecques, par Lancelot. *Paris*, 1692, *in-12.*

392 Benjamini Hederici Lexicon Manuale græ-
cum. *Lipsiæ*, 1722, *in-8. vel.*

393 Nouvelle Méthode pour apprendre la Langue
latine. 1681, *in-8.*

394 Manuel tironien, par Feutry. *Paris*, 1775,
in-12. br.

395 Dictionarium universale latino-gallicum, à
Boudot. *Parisiis*, 1774, *in-8.*

396 Dictionnaire de l'Académie Française. *Lyon*,
1772, 2 *vol. in-4.*

397 Dictionnaire étymologique de la Langue
française, par Ménage. *Paris*, 1750, 2 *vol.*
in-fol.

398 Dictionnaire portatif des Règles de la Langue
française. *Paris*, 1770, 2 *vol. in-8.*

399 Synonimes français. *Paris*, 1767, *in-8.*

400 Synonimes français, par l'Abbé Girard
Paris, 1769, 2 *vol. in-12.*

401 Nouveaux Synonimes français, par l'Abbé
Roubaud. *Paris*, 1785, 4 *vol. in-8. br.*

402 Les Epithetes françaises, par le R. P. Daire.
Lyon, 1759, *in-12.*

403 Dictionnaire d'Ortographe, par Restaut.
Poitiers, 1752, *in-8.*

404 Dictionnaire de Rimes, par Richelet. *Paris*,
1781, *in-8.*

405 Dictionnaire des Proverbes. *Paris*, 1749,
in-8.

406 Dictionnaire des Monogrammes. *Paris*, 1750, *in-8*.

407 Dictionnaire comique, fatyrique & critique, par Leroux. *Lyon*, 1752, 2 *vol. in-8*.

408 La Manière de penfer dans les Ouvrages d'efprit. *Paris*, 1688, *in-12*.

409 Penfées ingénieufes des Pères de l'Eglife. *Paris*, 1700, *in-12*.

410 Penfées ingénieufes des Pères de l'Eglife, par le P. Bouhours. *Paris*, 1746, *in-12*.

411 Profodie françaife, par l'Abbé d'Olivet. *Paris*, 1736, *in-12*.

412 Elémens de la Langue anglaife, par Peyton. 1783, *in-12*.

Orateurs.

413 M. Tullii Ciceronis Orationes, de Officiis, & Epiftolæ ad Atticum, cum not. Var. *Amftelo-dami*, 1677, 18 *vol. in-8*.

414 Œuvres de Ciceron, traduction nouvelle, contenant la Réthorique & les Oraifons. *Paris*, 1783, 2 *vol. in-4*.

415 Oraifons funèbres de Boffuet. *Paris*, 1774, *in-12*.

416 Oraifons funèbres de Fléchier. *Paris*, 1774, *in-12*.

417 Recueil d'Eloges, par Thomas. *in-8*.

418 C. Plinii Cæcilii Secundi Epiſtolarum Liber.
Lugd. Bat. Elzevir. 1640. *in-12.*

419 Les Epîtres dorés, & Diſcours ſalutaires de
Dom Antoine Guevare. *Paris*, 1573, *in-8.*

420 Lettres nouvelles de Bourſault. *Paris*, 2 *vol.*
in-12.

421 Lettres de Rabutin de Buſſy. *Paris*, 1706,
7 *vol. in-12.*

422 Lettres choiſies de la Riviere. *Paris*, 1751,
2 *vol. in-12.*

423 Lettres familières du Préſident de Monteſ-
quieux. *Florence*, 1767, *in-12.*

424 Choix de Lettres du Lord Cheſterfield. *Lond.*
1776, *in-12.*

425 Lettres d'Euſebe à Philalethe. *Liege*, 1755,
in-12.

Poëtes Grecs & Latins.

426 L'Iliade d'Homère, par la Valterie. *Paris*,
1716, 2 *vol. in-12.*

427 L'Iliade d'Homère, traduite en Vers français,
par M. de Rochefort. *Paris, Imprimerie royale,*
1781, 2 *vol. in-4.*

428 Les Œuvres d'Heſiode, par M. Gin. *Paris*,
1785, *in-12.*

429 Les Œuvres d'Anacréon & de Sapho. *Paris*,
1682, *in-12.*

430 Les Poéfies d'Anacréon & de Sapho. *Paris*,
1684. *M.*

431 Les Idylles de Théocrite, traduites du Grec.
Paris, 1688, *in-12. M.*

432 Les Idylles de Bion & de Mofchus. 2 *vol.*
in-12. M.

433 Catullus Tibullus & Propertius. *Lugd. Batav.*
1743, *in-12.*

434 P. Virgilii Maronis Opera. *Lugduni Batav.*
1676, *in-16.*

435 P. Virgilii Maronis Opera, cum not. Var.
Lugd. Batavorum, 1680, 3 *vol. in-8.*

436 P. Virgilii Maronis Opera, ex antiquis mo-
numentis illuftrata, curâ Henrici Juftice. *in-8.*
fig.

437 P. Virgilii Maronis Bucolica, Georgica &
Æneis. *Londini*, 1750, 2 *vol. in-8. M.*

438 Les Géorgiques de Virgile, par Delille.
Paris, 1770, 1 *vol. in-12.*

439 Marci Manilii Aftronomicon, Marci Tullii
Ciceronis Aratæa, cum verfione gallicâ Abbatis
Pingré. *Parifiis*, 1776. *in-8.* 2 *vol. br.*

440 Horatius Flaccus, cum notis Joan. Bond.
Lugd. Batav. 1643, *in-8.*

441 Quinti Horatii Flacci Opera. *Londini, Iohan.*
Pine, 1733, 2 *vol. in-8. M. fig.*

442 Traduction des Odes d'Horace, par de Reg...
Paris, 1781, 2 *vol. in-8.*

443 Phædri Augufti Cæfaris Liberti Fabularum Æfopiarum Libri. *Amfterd.* 1668 , *in-8. M.*

444 Selectæ Phædri Æfopique Fabulæ. *Paris ,* 1741 , *in-12.*

445 Publii Ovidii Nafonis Opera. *Amfterd.* 1735. 3 *vol. in-16.*

446 Epitres d'Ovide traduites du latin en français, par le R. P. en Dieu , Evêque d'Angoulême. *.in-8. gothique.*

447 M. Annæus Lucanus de Bello civili, cum not. Var. *Amfterd. Elzevir*, 1658 , *in-8.*

448 La Pharfale de Lucain , par Brébeuf. *Paris ,* 1682 , *in-12.*

449 Poëme de Pétrone fur la guerre civile entre Céfar & Pompée , Lat. & fr. avec des notes , par le Préfident Bouhier. *Londres* , 1737 , *in-4.*

450 Decii Junii Juvenalis & Perfii Flacci Satyræ. *Paris* , 1729 , *in-12 M.*

451 Satyres de Juvenal , par Dufaulx. *Paris ,* 1782 , *in-8.*

452 Martialis Epigrammata , cum notis Th. Farnabii. *Amfterd.* 1654 , *in-16. vel.*

453 M. Val. Martialis Epigrammata. *Lugd. Bat. Elzevir.* 1664 , *in-16.*

454 Joan. Lud. Guezii Balzacii Carminum Lib. III & Epiftolæ, edente Ægidio Menagio. *Parifiis* , 1651 , *in-12.*

455 Les Œuvres de Charles Coffin. *Paris* , 1758 , 2 *tom. en* 1 *vol. in-12.*

456 Nicolai Heinfii Dan. Fil. Poëmatum Lib.
Lugd. Bat. Elzevir. 1666, *in-8. M.*

457 Gabrielis Madeleneti Carminum Libellus.
Parifiis, 1662, *in-12.*

458 Ægidii Menagii Poëmata. *Lugd. Batavorum,
Elzevir.* 1663, *in-16.*

459 Jacobi Mofanti Briofii Poëmata. *Cadomi,*
1663, *in-12.*

460 Mofanti Briofii Poëmatum pars altera. *Cadomi,* 1669. *pet. in-12.*

461 Reinerii Neuhufii Poëmata Juvenilia. *Amftelodami,* 1644, *in-16. vel.*

462 Le Zodiaque de la Vie, Poëme de Palingêne,
par de la Monnerie. *La Haye,* 1731, 2 *tom.*
en 1 *vol. in-12.*

463 Hiftoire maccaronique de Merlin Coccaie,
traduite du latin de Th. Folengi. *Paris,* 1606,
2 *vol. in-12.*

464 Anti-Lucretius, five de Deo & Naturâ Libri
novem, Card. de Polignac. *Paris,* 1749, *in-12.*

465 L'Anti-Lucrèce, Poëme du Card. de Polignac,
tr. par Bougainville. *Paris,* 1750, 2 *vol. in-16.*

466 Ioci G. du Vair Senatus Aquenfis Principis.
Avenioni, 1600, *in-16.*

467 Andreæ Alciati Emblemata poëtica, cum
commentariis Claudii Minoïs & figuris. *Antuerpiæ, Plantin,* 1577, *in-8.*

468 Emblemata Florentii Schoonhovii, I. C.

Goudani. *Goudæ*, 1618, *in-4. br. fig.*

469 Nucleus Emblematum Gabr. Rollenhagii, in duabus Centuriis divisus, cum figuris à Crispiano Passæo. *Coloniæ*, 1613, *in-4 br.*

470 Jacobi à Bruck Angermunt Cogn. emblemata politica. 1618, *in-8. fig.*

471 La Callipédie, traduite du Poëme latin de Quillet. *Paris*, 1749, *in-8.*

Poëtes Français.

472 Poétique française, par M. Marmontel. *Paris*, 1763, 2 *vol. in-8.*

473 Le Trésor du Parnasse, ou le plus joli des Recueils. *Londres*, 1762, 4 *vol. in-12.*

474 La Pleiade française, ou l'Esprit des sept plus grands Poëtes. *Berlin*, 1754, 2 *vol. in-16.*

475 Collection de l'Almanach des Muses, depuis son établissement en 1765 jusqu'à 1789. 13 *vol. in-12. St. Brice.*

476 Annales poétiques, ou Almanachs des Muses. *Paris*, 1778, 39 *vol. in-12. r. St. B.*

477 L'Encyclopédie poétique, dédiée à M. de Voltaire, par Gaigne. *Paris*, 1778, 19 *vol. in-8. r. St. B.*

478 Poésies choisies. *Paris*, 1660, 5 *vol. in-12.*

479 Recueil des plus belles Pièces des Poëtes Français. *Paris*, 1753, 6 *vol. in-18.*

480

480 Mémoires pour servir à l'Histoire de la Calotte. 1752. *in*-12.

481 Contes & Nouvelles en Vers. *Lond.* 1778, 4 *tom.* 2 *vol. in*-16. *fig. M.*

482 Recueil de Pièces, dont Harangues des habitans de Sarcelles, &c. *Paris*, 1754, *in*-12.

483 Ramas de Poésies vieilles & nouvelles. *in*-4. *Manuscrit.*

484 Bibliotheque poétique. *Paris*, 1745, 4 *vol. in*-4.

485 Fabliaux & Contes des 12 & 13ᵉ siècle. *Paris*, 1779, 3 *vol. in*-8.

486 Fabliaux, ou Contes des 12 & 13ᵉ siècle. *Paris*, 1779, 4 *vol. in*-8. *br.*

487 Voyage de Bachaumont & de Chapelle, *Trevoux*, 1751, *in*-12.

488 L'Art d'aimer, par Bernard, *in*-8.

489 L'Art d'aimer, & Poésies diverses, de Bernard. *in*-8. *fig.*

490 Œuvres du Chevalier de Bert***. *Lond.* 1783, 2 *tom.* 1 *vol. in*-12.

491 Œuvres de Boileau Despréaux. *Genève*, 171., 2 *vol. in*-4.

492 Œuvres de Boileau. *Paris*, Didot, 1788, *in*-12. 3 *vol.*

493 La Pucelle, ou la France délivrée, Poëme héroïque, par Chapelain. *Paris*, 1656, *in*-12.

494 Œuvres diverses de l'Abbé de Chaulieu. *Lond.* 1740, 2 *tom.* 1 *vol. in*-8.

D

495 Œuvres de Chaulieu. *La Haye*, 1774, 2 *tom.*
1 *vol. in*-8.

496 Les Œuvres de Maître Guillaume Coquillart. *Paris*, 1532, *in*-12.

497 Œuvres diverses de M. d'Arnault. *Berlin*, 1751, 3 *vol. in*-12, *pet. form.*

498 Poésies de Madame & Mlle Deshoullieres. *Paris*, 1740, 2 *vol. in*-8.

499 Zelis au bain, Poëme par Dorat. *in*-8.

500 Pieces libres de Ferrand. *Londres*, 1760, *in*-12.

501 Fables choisies, mises en Vers par la Fontaine. *Paris*, 1745, 2 *vol. in*-16. *M.*

502 Fables de la Fontaine. *Paris*, 1765, 6 *tom.* 3 *vol. in*-8. *fig.*

503 Fables de la Fontaine. *Paris*, Didot, 1788, 2 *vol. in*-12.

504 Fables de la Fontaine. *Paris*, Didot, 1789, 2 *vol. in*-8.

505 Les Fables de la Fontaine. 3 *vol. in*-16, Didot, & trente-six Livraisons des Fig. par Simon & Coiny.

506 Contes & Nouvelles en Vers par la Fontaine. *Londres*, 1743, 2 *vol. in*-16. *M.*

507 Contes de la Fontaine. *Amsterdam*, 1764, 2 *vol. in*-8. *M.*

508 Contes de la Fontaine. *Amsterdam*, 1764, 2 *tom.* 1 *vol. in*-8. *fig.*

509 Œuvres diverſes de la Fontaine. *Paris*, 1744; 4 *vol. in*-16. *M.*

510 Le Vice puni, ou Cartouche, Poëme par Grandval le père. *Paris*, 1726, *in*-8.

511 Poéſies diverſes de M. de G * * *. *Lauſanne*, 1746, 2 *tom.* 1 *vol. in*-12.

512 Œuvres de Grécourt. *Amſterd.* 1772, 4 *vol. in*-12.

513 Œuvres diverſes de Grécourt. *Amſterd.* 1775, 2 *vol. in*-12. *br.*

514 Poéſies chrétiennes héroïques, par l'Abbé Juillard. *Paris*, 1715, *in*-12.

515 Livres des Bergeries de Juliette. *Paris*, 1687, *in*-12.

516 Poéſies de l'Abbé de Lattaignant. *Londres*, 1757, 5 *vol. in*-12.

517 Le Balai, Poëme en dix - huit Chants, par du Laurent. *Conſtantinople*, 1761, *in*-12.

518 Poéſies de Malherbes. *Paris*, 1757, *in*-8.

519 Œuvres de Clément Marot. *La Haye*, 1700, 2 *vol. in*-12, *pet. form.*

520 La Peinture, Poëme, par M. le Mierre. *Paris*, *in*-4. *br.*

521 Poéſies de La Monnoye. *La Haye*, 1716. *in*-12.

522 Œuvres de Montcrif. *Paris*, 1751, 3 *vol. in*-16.

523 Œuvres de Montcrif. *Paris*, 1768, 2 *vol. in*-12.

524 La Dunciade, Poëme en dix Chants, par
Palissot. *Londres*, 1771, *in*-8. 2 *tom*. 1 *vol*.

525 Poésies érotiques, par le Chevalier de Parny.
1778, *in*-12.

526 Opuscules poétiques, par le Chevalier de
Parny. 1779, *in*-8.

527 Opuscules du Chevalier de Parny. *Londres*,
1781, 1 *vol. in*-12.

528 Fables nouvelles, par M. Pesselier. *Paris*,
1748, *in*-8. *M.*

529 La belle Vieillesse, ou les Quatrains de
Pibrac. *Paris*, 1747, *in*-12.

530 Contes nouveaux en Vers, par M. Piis.
1781, *in*-8. *br.*

531 Œuvres de Regnier. *Londres*, 1746, 2 *tom*
1 *vol. in*-12.

532 Les Mois, Poëme en douze Chants, par M
Roucher. *Paris*, 1779, 2 *vol. in*-4.

533 Œuvres diverses de J.B. Rousseau. *Bruxelles*,
1732, 2 *vol. in*-12.

534 Anti-Rousseau, par le Poëte sans fard. *Amst.*
1712, *in*-12.

535 Œuvres diverses de Ségrais. *Amsterd.* 1723,
in-12.

536 Epigrammes & autres Pieces de Sénecé. *Paris*,
1717, *in*-12.

537 Les Œuvres de Théophile. *Paris*, 1661,
2 *vol. in*-12.

538 La Henriade de Voltaire, avec des Remarques par M. Palissot. *Londres*, 1784, *in*-8. *br.*

539 Commentaire sur la Henriade, par la Beaumelle. *Paris*, 1776, 2 *tom.* 1 *vol. in*-8.

540 La Henriade travestie, en Vers burlesques, par Montbron. *La Haye*, 1746, *in*-12.

541 Mélanges de Poésies fugitives, par Madame la Comtesse de * *. *Amsterd.* 1776, *in*-8.

542 La Magdelaine au desert de la sainte Baume. *in*-12.

543 Les quatre parties du Jour, Poëme. *Paris*, 1769, *in*-8.

544 Les Saisons, Poëme. *Amsterd.* 1769, *in*-8.

545 La Ceinture de Vénus, Poëme. *Naples*, 1770, *in*-8. *M.*

546 La Pétrifiée, ou Voyage de Sire Pierre en Dunois. *La Haye*, 1763, *in*-12. *M.*

547 Les Amours, Elégies, &c. *Lond.* 1780, *in*-8.

548 Lettres de Barnevelt, dans sa prison, à Truman, son ami. *Paris*, 1763, *in*-8. *fig.*

Poëtes Etrangers.

549 Roland l'amoureux, traduit de l'italien de Boyardo, par Le Sage. *Paris*, 1769, 3 *vol. in*-12.

550 Extrait de Roland l'amoureux, par le comte de Tressan. *Paris*, 1780, *in*-12.

551 Roland furieux, traduit de l'Ariofte, par Mirabaud. *Paris*, 1758, 2 *vol. in*-12.

552 Roland furieux, Poëme héroïque, par le comte de Treffan. *Paris*, 1780, 4 *vol.*

553 Roland furieux, poëme de l'Ariofte, traduit par M. Pankoucke. *Paris*, 1787, 10 *vol. in*-12.

554 La Gerufalemme liberata, Poëma héroïco di Torquato Taffo. *Parigi*, 1744, 2 *vol.*

555 La Jerufalemme liberata di Torquato Taffo, ftampata d'ordini di Monfieur. *Parigi*, 1784. Didot, 4 *parties*, 2 *vol. in*-4. *br.*

556 La Jérufalem délivrée, poëme du Taffe, traduit par Le Brun. *Paris*, 1774, 2 *tomes en* 1 *vol. in*-8. *fig.*

557 Jérufalem délivrée, traduite par Pankoucke. *Paris*, Pankoucke, 1785, 5 *vol. in*-12.

558 Il Petrarca fpirituale di Hyeronimo Malipiero. *Venetia*, 1587, *pet. in*-8. *vel.*

559 Omaggio poetico di Antonio di Genaro duca di Belforte. 1768, *in*-8. *M.*

560 La Lufiade du Camoëns, Poëme héroïque, traduit par Duperron de Caftera. *Paris*, 1735, 3 *vol. in*-12.

561 Le Paradis perdu de Milton. *Paris*, 1729, 3 *vol. in*-12.

562 Le Paradis reconquis de Milton. *Paris*, 1730, *in*-12.

563 Les Nuits d'Young, trad. de l'anglais,
par Le Tourneur. *Paris*, 1769, 2 *vol. in*-8.
564 Œuvres de Pope. *Amſterdam*, 1748, 7 *vol.*
in-12.

Théâtres, ou Auteurs dramatiques.

565 Hiſtoire univerſelle des Théâtres de toutes
les Nations, par une Société de Gens de
lettres. *Paris*, 1779, 13 *vol. in*-8.
566 Sophoclis Tragœdiæ quot extant ſeptem.
Lutetiæ, 1557, *in*-8.
567 Théâtre de Sophocle, par Dupuis. *Paris*,
1777, 2 *vol. in*-12.
568 Les Tragédies d'Euripide, par Prevoſt.
Paris, 1784, 3 *vol. in*-12. *St. B.*
569 M. Accius Plautus ex fide atque auctoritate
mss. *Lutetiæ*, 1577, *in-fol.*
570 M. Acci Plauti Comœdiæ viginti. 1603,
in-16.
571 Les Comédies de Plaute, par Gueudeville.
Leyde, 1719, 10 *vol. in*-12.
572 Publii Terentii Carthaginienſis Afri Comœdiæ ſex, cum notis Var. *Lugduni Batavorum*,
1644, *in*-8.
573 Publii Terentii Afri Comœdiæ ſex. *Glaſguæ*,
1744, *in*-8. *M.*
574 Les Comédies de Térence, par Madame

Dacier. *Rotterdam*, 1717, 3 *vol. in*-12.

575 L. & M. Annæi Senecæ Tragœdiæ, cum notis Th. Farnabii. *Amfl.* 1619, *in*-16.

576 Du Théâtre, ou Effai fur l'Art dramatique. *Amfterd.* 1773, *in*-8.

577 La Déclamation du Théâtre, poëme didactique. *Paris*, 1776, *in*-8. *fig.*

578 L'Art du Comédien. *Paris*, 1786, 2 *vol. in*-8. *br.*

579 L'Art de la Comédie, par de Cailhava. *Paris*, 1772, 4 *vol. in*-8.

580 Obfervations fur l'Art du Comédien. 1774, *in*-8.

581 Dictionnaire du Théâtre, par Léris. *Paris*, 1763, *in*-8.

582 Tablettes dramatiques, contenant l'abrégé de l'hiftoire du Théâtre français, par M. de Mouhy. *Paris*, 1752, *in*-8.

583 Anecdotes dramatiques *Paris*, 1775, 3 *vol. in*-8.

584 Théâtre de Baron. *Paris*, 1736, 2 *vol. in*-12.

585 Œuvres de Théâtre de Boiffy. *Paris*, 1766, 9 *vol. in*-8.

586 Théâtre de Bourfault. *Paris*, 1746. 3 *vol. in*-12.

587 Théâtre de Cailhava. *Paris*, 1781, 2 *vol. in*-8.

588 Théâtre de la Chauffée. *Paris*, 1752, 3 vol. *in-12*.

589 Œuvres de Pierre & Thomas Corneille. *Paris*, 1738, 11 vol. *in-12*.

590 Théâtre de Pierre Corneille, avec des commentaires, 1764, 12 vol. *in-8. r. St. B.*

591 Œuvres de Crébillon. *Paris, Imprimerie royale*, 1750, 2 vol. *in-4*.

592 Élite des Comédies de Dancourt, *Bruxelles*, 1722, 2 vol. *in-12*.

593 Œuvres de Destouches. *Paris*, 1774, 10 vol. *in-16*.

594 Œuvres de Dufresny. *Paris*, 1747, 4 vol. *in-12*.

595 Théâtre de Fagan. *Paris*, 1760, 4 vol. *in-12*.

596 Théâtre de Favart. *Paris*, 1763, 10 vol. *in-8*.

597 Théâtre de Hauteroche. *Paris*, 1772, 3 vol. *in-12*.

598 Œuvres de la Fosse. *Paris*, 1747, 2 vol. *in-12*.

599 Théâtre de la Noue. *Paris*, 1765, *in-12*.

600 Théâtre de M. le Grand. *Paris*, 1742, 4 vol. *in-12*.

601 Recueil de pieces du Théâtre français, par le Sage. *Paris*, 1739. 2 vol. *in-12*.

602 Œuvres de Molière. *Paris*, 1739, 8 vol. *in-12*.

E

603 Théâtre de Montfleury. *Paris*, 1739, 3 *vol. in-*12.

604 Théâtre de Panard. *Paris*, 1763, 4 *vol. in-*12.

605 Théâtre de Piron. *Paris*, 1741, *in-*8.

606 Œuvres de Poisson. *Paris*, 1743, 2 *vol. in-*12.

607 Théâtre de Quinault. *Paris*, 1778, 5 *vol. in-*12.

608 Œuvres de Racine, avec des commentaires par M. Luneau de Boisgermain. *Paris*, 1768, 7 *vol. in-*8.

609 Œuvres de Racine. *Paris*, Didot, 1784, 3 *vol. in-*8.

610 Œuvres de Racine. *Paris*, Didot, 1784, 5 *vol. in-*12.

611 Œuvres de Regnard. *Paris*, 1742, 3 *vol. in-*12.

612 Œuvres de Regnard. *Paris*, 1778, 4 *vol. in-*16.

613 Théâtre de Saurin. *Paris*, 1772, *in-*8.

614 Théâtre de Saint Foix. *Paris*, 1762, 4 *vol. in-*12.

615 Théâtre de Saint Foix. *Paris*, 1774, 3 *vol. in-*12. *St. B.*

616 Œuvres de Vadé. *Paris*, 1758, 4 *vol. in-*8.

617 Nouveau Théâtre français. *Utrecht*, 1748, 12 *vol. in-*16.

618 Chefs-d'œuvre dramatiques, par M. Marmontel. *Paris*, 1763, *in-*4. *M.*

619 Chefs-d'Œuvre dramatiques, par M. Marmontel. *Paris*, 1773, *in-4. br.*

620 Théâtre de Société. *La Haye*, 1777, 3 *vol. in-12.*

621 Proverbes dramatiques, *Paris*, 1768, 8 *tom. en* 4 *vol. in-8. r. St. B.*

622 Théâtre de Campagne, par l'Auteur des Proverbes dramatiques. *Paris*, 1775, 4 *tom. en* 2 *vol. in-8.*

623 Théâtre des Boulevards. *Mahon*, 1756, 3 *vol. in-12.*

624 La Comédie des Proverbes, piece comique. 1641, *in-12.*

625 Théâtre & Œuvres philofophiques. *Londres*, 1785, 3 *vol. in-8. br.*

626 Aminta di Torquato Taſſo. *in-16.*

627 Nouvelle Traduction françaiſe du Paſtor fido. *Paris*, 1732, *in-12.*

628 Nouveau Théâtre italien. 28 *vol. in-8 & in-12.*

629 Hiſtoire du Théâtre italien. *Paris*, 1769, 7 *vol. in-12.*

630 Poéſie del Signor Abbate Pietro Metaſtaſio. *Parigi*, 1755, 10 *vol. in-8.*

631 Opere del Signor Abbate Pietro Metaſtaſio. *Parigi*, 1780, 12 *vol. in-8. br.*

632 Opere del Signor Abbate Pietro Metaſtaſio. *Parigi*, 1781, 12 *vol. in-4. br.*

633 Nouveau Théâtre Allemand, par Friédel.
Paris, 1782, 12 vol. in-8.

Polygraphes.

634 Œuvres de Cyrano de Bergerac. Amsterdam,
1761, 3 vol. in-12.

635 Œuvres de Brantome. Londres, 1739, 9 vol.
in-16.

636 Œuvres de Fontenelle. Paris, 1767, 11 vol.
in-12.

637 Œuvres de Madame Genlis. Paris, 1782,
15 vol. in-8.

638 La Religion comme l'unique base du bonheur,
par Madame de Sillery. Paris, 1787, in-8.

639 Œuvres complettes de Gilbert. 1 vol. in-8. br.

640 Œuvres complettes de Hamilton, par l'Abbé
Soulavie. Paris, 1781, in-8. br.

641 Œuvres de La Harpe, de l'Académie Française.
Paris, 1778, 6 vol. in-8.

642 Œuvres de Madame de Lambert. Paris, 1748,
in-12.

643 Œuvres de Houdard de la Motte, de l'Académie Française. Paris, 1754, 11 vol. in-12.

644 Œuvres de Palissot. Paris, Didot, 1788,
4 vol. in-8. en cart.

645 Œuvres d'Estienne Pasquier. Amsterd. 1723,
2 vol. in-fol.

646 Œuvres de St. Evremond. *Londres*, 1706 ,
5 *vol. in-*12.

647 Œuvres de St. Real. *Paris*, 1745 , 6 *vol. in-*12.

648 Œuvres de Scarron. *Paris*, 1752, 12 *v. in-*16.

649 Les Œuvres de J. J. Rousseau. *Amsterdam*,
1769 , 11 *vol. in-*8. *r. St. B.*

650 Œuvres de J. J. Rousseau. *Genève*, 1782 ,
24 *vol. in-*8.

651 Confessions de J. J. Rousseau. *Genève*, 1782,
5 *vol. in-*8.

652 Œuvres diverses de M. le Comte de Tressan.
Amsterdam, 1776, *in-*8.

653 Œuvres de Valentin Duval à St. Pétersbourg.
1784, 2 *vol. in-*8. *fig.*

654 Œuvres du Marquis de Villette. *Lond.* 1784,
*in-*12.

655 Œuvres de l'Abbé de Voisenon. *Paris*, 1781,
5 *vol. in-*8.

656 Œuvres complettes de Voltaire , *de l'Imprimerie de la Société Littéraire Typographique de
Kell.* 51 *vol. in-*8 , *beau pap. en cart.*

657 Œuvres de Voltaire. *Genève* , 1756, 60 *vol.
in-*8.

Philologues.

658 Essai sur l'histoire des Belles-Lettres. *Lyon,*
1749, 4 *vol. in-*12.

659 Bigarrures littéraires. *Paris*, 1783 , *in-*8. *br.*

660 Mélanges hiftoriques, politiques, critiques
& philofophiques, par Ducrot. *Paris*, 1784,
2 tom. 1 *vol. in-8*.

661 Variétés hiftoriques, phyfiques & littéraires.
Paris, 1752, 4 *vol. in-12*.

662 Nouveaux Mélanges de Philofophie & de
Littérature. *Paris*, 1785, *in-12*.

663 Amufemens du cœur & de l'efprit. *Amfterd.*
1741, 14 *vol. in-12*.

664 Réflexions critiques fur la Poéfie & la Peinture, par l'Abbé Dubos. *Paris*, 1740, 3 *vol.
in-12*.

665 Nouvelle Bibliotheque de Littérature, ou
Choix des meilleurs morceaux tirés des Ana.
Lille, 1765, 2 *vol. in-12*.

666 Poggiana, ou la Vie & les bons Mots de
Pogge Florentin. *Amfterd.* 1720, *in-12*.

667 Ménagiana, ou les bons Mots de Ménage.
Paris, 1715, 4 *vol. in-12*.

668 Matinées Senonoifes, ou Proverbes français.
Paris, 1789, *in-8*.

669 Matinées Senonoifes, ou Proverbes français.
Paris, 1789, *in-8. br.*

670 De l'Art des Devifes, par le Moyne. *Paris*,
1666, *in-4*.

671 Devifes héroïques. *Paris*, 1621. *in-8*.

672 Colloques fcholaftiques & moraux pour les
écoliers, en lat. & en franç. *Lille*, 1725, *pet.
in-12*.

673 Amuſemens d'un Philoſophe ſolitaire. *Bouillon*, 1775, 3 *vol. in*-12.

Satyres.

674 Lucien, de la traduction de N. Perrot d'Ablancourt. *Amſterd.* 1719, 2 *vol. in*-12. *M. fig.*

675 Œuvres de Lucien, par l'Abbé Maſſieu. *Paris*, 1781, 3 *vol. in*-12.

676 Les Céſars de l'Empereur Julien, avec des Médailles gravées par Bernard Picart. *Amſterd.* 1728, *in*-4.

677 Stultitiæ Laus, Declamatio Deſid. Eraſmi, cum figuris Dolben. *Baſileæ*, 1676, *in*-8.

678 L'Eloge de la folie, d'Eraſme. *Leyde*, 1713, *in*-12. *fig.*

679 Cymbalum mundi, ou Dialogues ſatyriques, par Bonaventure des Perriers. *Amſterd.* 1743, *in*-12.

680 La fameuſe Compagnie de la Léſine, ou la manière d'épargner & d'acquérir. *Paris*, 1618, *in*-12.

681 La Chaſſe aux Larrons, par Jean Bourgoin. *Paris*, *in*-12.

682 Réflexions ſur les grands Hommes qui ſont morts en plaiſantant. *Amſterd.* 1732, *in*-12.

683 Le Chef-d'œuvre d'un incornu. *Lauſanne*, 1754, 2 *vol. in*-12.

684 Bagatelles morales. *Lond.* 1754, *in-12.*

685 Amufemens philofophiques fur le langage des bêtes. *Paris*, 1739, *in-12.*

686 Les Chats. *Paris*, 1727, *in-8. fig.*

687 Les Ecoffeufes, ou les œufs de Pâques. *Troyes*, *in-12.*

688 L'Ecole de l'Homme, par Guénard. *Lond.* 1759, 2 *tom.* 1 *vol. in-12.*

689 Les Ufages, par M. Vergy. *Genève*, 1763, 2 *tom.* 1 *vol. in-12.*

690 Mes Penfées, qu'en dira-t-on, par La Beaumelle. *Copenhague*, 1751, *in-12.*

691 Tableau du fiecle, par Laval. *Genève*, 1759, *in-12.*

692 L'Efprit du fiecle. *Amfterd.* 1746, *in-12.*

693 L'Efpion dévalifé. *in-8. br.*

994 Offrande aux autels & à la Patrie, par Rouftan. *Amfterdam*, 1764, *in-8.*

695 L'An 2440, par Mercier. *Londres*, 1772, *in-8.*

696 L'An 2440, par Mercier. *Londres*, 1776, *in-8. br.*

697 L'An 2440, par Mercier. 3 *vol. in-8. br.*

698 Le Compère Mathieu, ou Bigarrures de l'efprit humain, par du Laurent. *Lond.* 1777, 3 *vol. in-12. br.*

699 Lettres fur les Aveugles, par Diderot. *Lond.* 1749, *in-12.*

700

700 Lettres fur les fourds & les muets, par
Diderot, 1751. *in*-12.

701 Apologie de l'Abbé de Prade. *Amflerdam*,
1752, *in*-8.

702 Cathéchifme des Cacouacs, par Paliffot. *Ca-
copolis*, 1758, *in*-12.

703 L'Oracle des nouveaux Philofophes. *Berne*,
1759, *in*-12.

704 Les Erreurs de Voltaire, par Nonnotte.
Amflerd. 1766, 2 *vol. in*-12.

705 Voltariana ou Eloges amphigouriques de
Marie Arrouet de Voltaire. *Paris*, 2 *.om. en*
1 *vol. in*-8.

706 Lettres de Voltaire. *La Haye*, 1773, *in*-8.

707 Lettres à Voltaire, par M. Clément. *La Haye*,
1773, 8 *parties in*-8. *br.*

708 Nouvelles Obfervations critiques fur la
Littérature, par Clément. *Paris*, 1772, *in*-12.

709 Extrait des Affertions dangereufes & perni-
cieufes en tout genre. *Paris*, 1762, *in*-4. *br.*

710 Les Lacunes de la Philofophie. *Amflerd.*
1783, *in*-12. *M.*

711 Le Spectateur, ou le Socrate moderne, traduit
de l'anglais, d'Adiffon, Stéele, &c. *Paris*, 1755,
2 *vol. in*-4.

712 Le Conte du Tonneau, par Swift. *La Haye*,
1732, 2 *vol. in*-12. *M. fig.*

ROMANS,

ou POÉSIE PROSAÏQUE.

Romans Grecs & Latins.

713 De l'Ufage des Romans, par le C. Gordon de Percel. *Amft.* 1734, 2 *vol. in-*12.

714 Dictionnaire de la Fable, par Chompré, *in-*16.

715 Dictionnaire de Mythologie, pour l'intelligence des Poëtes. *Paris,* 1745, 3 *vol. in-*12.

716 Mythographi Latini, C. Jul. Hyginus, &c. cum not. Var. *Amftelodami,* 1681, 2 *vol. in-*8.

717 Les Amours de Daphnis & Chloé, trad. de Longus, par Amyot, avec les figures d'Audrand. 1718, *in-*12.

718 Les Amours de Théagênes & Chariclée. *Paris,* 1743, 2 *vol. in-*12.

719 Les Amours d'Ifmène & d'Ifménias. *La Haye,* 1743, *in-*12.

720 L. Apuleii Métamorphofeos lib. XI, cum not. Var. *Goudœ,* 1650, *in-*8.

721 Pétrone latin & français, trad. de Nodot. *Amfterd.* 1736, 2 *vol. in-*12.

722 Les Aventures de Thélémaque, par Fénélon. *Rotterdam,* 1725, *in-*12. *M. fig.*

723 Les Aventures de Thélemaque, par Fénélon. *Paris*, Didot, 1783, 4 *vol. in*-12.

724 Les Aventures de Thélémaque, par Fénélon.
Paris, Didot, 1784, 2 *vol. in*-8.

725 Alcibiade, jeune homme, à Athênes. 1789,
4 *vol. in*-8. *br.*

726 Télephe, roman héroïque, en XII livres.
Londres, 1784, *in*-8. *br.*

727 Le Temple de Gnide, par Montesquieux.
Lond. in-8.

728 Les Amours de Myrtil. *Constantinople*,
1761, *in*-12.

729 Le Triomphe de l'Amitié. *Londres*, 1741,
in-12.

730 Le Palais du Silence, conte philosophique
par le Chevalier d'Ark. *Amsterd.* 1754, 2
tom. en 1 *vol. in*-12.

731 Les Amours d'Horace. *Cologn.* 1728, *in*-12.

732 Les Amours de Tibulle & de Sulpicie.
Paris, 1743, *in*-12.

733 Les Amans républicains. *Paris*, 1782, 2
vol. in-8. *br.*

Romans Nationaux.

734 Amadis des Gaules, par le comte de Tref-
san. *Paris*, 1779, 2 *vol. in*-12.

735 Histoire du Chevalier du Soleil. *Amsterd.*
1780, 2 *vol. in*-12.

736 Les Propheties de Merlin. *Rouen*, 1535,
3 *vol. in-4. M.*

737 Ancienne Chronique de Gérard d'Euphrate,
duc de Bourgogne. *Paris*, 1783, 2 *vol. in-12.*

738 L'Héritière de Guyenne, ou Histoire d'Eleo-
nor. *Rotterdam*, 1691, *in-8.*

739 Histoire de l'Eléonore de Guyenne. *Lond.*
1788, *in-8. br.*

740 Anecdotes de la Cour de Philippe Auguste,
par Madame de Lussan. *Paris*, 1738, 6 *vol.*
in-12.

741 Anna, ou l'Héritière Galloise. *Londres*,
1788, 4 *vol. in-12. br.*

742 Amours des Dames illustres de France,
sous le regne de Louis XIV. *Cologne*, 3 *vol.*
in-16.

743 Les Confessions du comte de * * *. *Lond.*
1776, *in-8. fig.*

744 Histoire de Marguerite d'Anjou, par l'Abbé
Prevost. *Amsterd.* 1740, 2 *vol. in-12.*

745 Histoire amoureuse de Pierre Lelong.
Lond. 1768, *in-8.*

746 Histoire de Madame de Luz. *La Haye*,
1744, 2 *tom. en* 1 *vol. in-12.*

747 Histoire du Chevalier des Grieux & de
Manon Lescaut, par Prevost. *Amsterdam*,
1753, 2 *tom. en* 1 *vol.*

748 Le beau Garçon, ou le Favori de la For

tune. *Lond.* 1784, 2 *tom. en* 1 *vol. in* - 12.

749 Le Payſan parvenu, par de Marivaux. *La Haye*, 1762, 2 *vol. in*-12.

750 Mital, ou Aventures incroyables. *Paris*, 1708, *in*-12.

751 Le Triomphe du Sèntiment, par Bibiena. *La Haye*, 1750, *in*-12.

752 La Vie de Marianne, ou les Aventures de Madame la Comteſſe de. . . . . *Amſterdam*, 1764, 2 *tom.* 3 *vol. in*-12.

753 L'Arcadie de Jacques Sannazar, traduite en français par Jehan Martin. *Lyon*, 1524, *in*-16. M.

754 Hiſtoire de Berthoïde, contenant ſes aventures & ſes bons Mots. *La Haye*, 1781, *in*-8.

755 La Diane de George de Montemayot. 1585, *in*-16. M.

756 El Paſtor de Filida, por Luys Galuez de Montalvo. *Barcelona*, 1613, *pct. in*-8.

757 Le Diable boiteux, par le Sage. *Paris*, 1756, 2 *tom. en* 1 *vol. in*-12.

758 Hiſtoire de Gil Blas, par le Sage. *Paris*, 1747, 4 *vol. in*-12.

759 La Vie de Guſman d'Alfarache. *Paris*, 1709, 3 *vol. in*-12.

760 Hiſtoire ſecrette du Connétable de Lune. *Amſterd.* 1730, *in*-12.

761 Le Bachelier de Salamanque. *Paris*, 1767, 3 *vol. in-*12.

762 Principales Aventures de Don Quichotte, fig. d'après Coypel, par Picard. *La Haye*, 1746, *in-*4.

763 L'Anneau, ou Jemina Gufman, par une jeune Dame. *Paris*, 1789, 3 *vol. in-*12. *br.*

764 Arboflede, Hiftoire anglaife. *La Haye*, 1741, *in-*12.

765 Caroline, ou les Viciffitudes de la Fortune. *Lond*, 1789, 3 *vol. in-*12. *br.*

766 Caroline de Lichtfield. 2 *tom.* 1 *vol. in-*12.

767 Chrifal, ou les Aventures d'une Guinée. *Lond.* 1768, *in-*12.

768 Le Philofophe anglais, ou Hiftoire de Cleveland, par Prevoft. *Amfterd.* 1744, 4 *vol. in-*12.

769 Le Doyen de Killerine, par Prevoft. *La Haye*, 1760, 3 *vol. in-*12.

770 Hiftoire de Grandiffon. *Amfterd.* 1763, 4 *vol. in-*12.

771 Le Danger d'aimer un Etranger, ou Hiftoire de Miladi Chefter. *Lond.* 1784, 2 *vol. in-*12.

772 L'Etourdie, ou Hiftoire de Betzi Tatlefs. *Paris*, 1754, 2 *vol. in-*12.

773 Heerfort & Claire, Hiftoire allemande. *Londres*, 1790, 4 *vol. in-*12. *br.*

774 Les heureux Orphelins, Histoire imitée de l'anglais. *Bruxelles*, 1754, *in-*12.

775 Histoire de Tom Jones. *Lond.* 1750, 4 *vol. in-*12.

776 La jeune Niece, ou Histoire de Suckei Thomby. *Paris*, 1789, 3 *vol. in-*12. *br.*

777 Le Ministre de Wakefield. *Lond.* 1767, *in-*12.

778 L'Orpheline Anglaise, trad. par de la Place. *Londres*, 1751, 2 *vol. in·*12.

779 Les Passions du jeune Werther, par Aubry. *Manheim*, 1777, *in-*8.

780 Alphonsine, ou les Dangers du grand monde. 1789, 2 *vol. in-*12. *br.*

781 La Constance des promptes Amours. *Paris*, 1733, 2 *vol. in-*12.

782 Les Dangers des Spectacles, par le chevalier de Mouhy. *Paris*, 1780, 4 *vol. in-*12.

783 Les Liaisons dangereuses, par Laclos. *Amst.* 1782, 2 *vol. in-*12.

784 Les Égaremens de l'Amour, par M. Imbert. *Amst.* 1776, 2 *vol. in-*8.

785 Le Microscope à la portée de tout le monde, traduit de l'anglais par Henri Baker. *Paris*, 1754, *in-*8.

786 Le véritable Ami, ou la Vie de David Simple, trad. de l'anglais. *Amst.* 1749, 2 *tom.* 1 *vol. in-*12.

Mémoires & Lettres romanesques.

787 Mémoires & Aventures d'un homme de qualité, par Prévoſt. *Paris*, 1738, 3 *vol. in-12.*

788 Mémoires de Cécile, écrits par elle-même,
par de la Place. *Paris*, 1751, *in-12.*

789 Cecilia, ou Mémoires d'une héritière. *Neuf-
châtel*, 1783, 5 *vol. in-12.*

790 L'Iſle inconnue, ou Mémoires du Chevalier
des Gaſtines. *Paris*, 1783, 2 *vol. in-12.*

791 La Deſtinée, ou Mémoires du Lord Kilmar-
noff. *Paris*, 1766, 2 *tom. en* 1 *vol. in-12.*

792 Mémoires de Rantzi. *La Haye*, 1747, *in-12.*

793 L'Homme du monde, Roman moral, par
M. de St. Ange. *Amſterd.* 1775, 2 *vol. in-12.*

794 Le Comte de Valmont, ou les Egaremens de
la raiſon. *Paris*, 1777, 5 *vol. in-12.*

795 Mémoires de Miladi Varmonti. *Londres*,
1778, 2 *tom. en* 1 *vol. in-12.*

796 Mémoires de Sir Georges Wollap. *Londres*,
1787, 5 *vol. in-12. br.*

797 Mémoires turcs, avec l'hiſtoire galante de
leur ſéjour en France. *Amſterd.* 1767, 3 *vol.
in-12. br.*

798 Lettres de Mlle de Boiſmiran. *Amſterd.* 1777,
2 *vol. in-12.*

799 Lettres de Miladi Catesby, par Madame
Riccoboni. *Amſterd.* 1759, *in-12.*

800 Lettres anglaises, ou Histoire de Clarisse Harlove, trad. par l'Abbé Prévost. *Lond*. 1764, 12 *tom. en 6 vol. in-12. p.*

801 Lettres de Dammartin, Comtesse de Sancerre, par Madame de Riccoboni. *Paris*, 1767, 2 *tom.* 1 *vol. in-12.*

802 Lettres de Madame du Montier. *Lyon*, 1756, *in-12.*

803 Lettres d'Osman, par le Chevalier d'Arcq. *Constantinople*, 1753, 2 *tom. en* 1 *vol. in-12.*

804 Lettres persanes, par Montesquieux. *Lond*. 1744, 2 *tom.* 1 *vol. in-12.*

805 Lettere d'una Peruviana in Parigi. 1760, *in-12.*

806 Lettres de Sophie & du Chevalier de ***, par Mad. Elie de Beaumont. *Paris*, 1776, 2 *tom.* 1 *vol. in-12.*

807 Lettres de Stéphanie, Roman historique. *Paris*, 1778, 3 *vol. in-8.*

808 Lettres turcques, par Saint-Foix. *Amsterd*. 1752, 2 *tom.* 1 *vol. in-12.*

809 Lettres de la Marquise *** au Comte de ***, par Crébillon fils. *La Haye*, 1746, 2 *vol. in-12.*

810 Lettres de Madame la Comtesse de *** au Comte de ***. 1785, *in-12.*

811 Laure, ou Lettres de quelques femmes Suisses. *Genève*, 1786, 7 *vol. in-12. St. B.*

812 Les Confidences d'une jolie femme. *Amſt.*
1775, 2 *vol. in*-12.

813 Lettres hiſtoriques & galantes, par Mad.
du Noyer. *Amſterd.* 1720, 4 *vol. in*-12.

Romans héroïques.

814 Les Incas, ou la deſtruction de l'Empire du
Perou, par M. de Marmontel. *Paris,* 1777,
2 *vol. in*-8.

815 Apologues & Contes orientaux, par Blanchet.
Paris, 1784, *in*-8. *br.*

816 Abbaſſaï, Hiſtoire orientale, par Mlle Fauque.
2 *tom.* 1 *vol. in*-12.

817 Ander − Can , Raja de Brampour, Hiſtoire
orientale. 1788, 3 *vol. in*-12. *br.*

818 Civan, Roi de Bungo, Hiſtoire japonoiſe.
Lond. 1758, 2 *vol. in*-12.

819 Les Equipées de l'Amour, ou les Aventures
d'Abar Tucdoc. 1783, *in*-12.

820 Zabhet, ou les heureux Effets de la Bien-
faiſance. *in*-12.

821 Hiſtoire chinoiſe, trad. de l'anglais. *Lyon,*
1766, 4 *tom.* 2 *vol. in*-12.

Voyages Romaneſques, & Fééries.

822 Voyages de Gulliver, trad. de l'anglais par
l'Abbé Desfontaines. *Paris,* 1727, 2 *vol. in*-12.
fig.

823 Le Nouveau Gulliver. *Paris*, 1730, 2 v. *in*-12.

824 Voyage au Pays de Banbouc. *Bruxelles*, 1789. *br.*

825 Voyage sentimental. *Lond.* 1784, *in*-16.

826 Nouveau Voyage sentimental. 1784, *in*-16.

827 Blançay, par l'auteur du nouveau Voyage sentimental. *Londres*, 1788, 2 *vol. in*-16. *M.*

828 Lidorie, par l'auteur de Blançai. *Paris*, 1790, 2 *vol. in*-16. *M.*

829 Victorine, par l'auteur de Blançai. *Paris*, 1789, 2 *vol. in*-16. *M.*

830 Saint Alme, par l'auteur de Blançai. *Paris*, 1790, 2 *vol. in*-16.

831 Extrait du Journal de mes Voyages, ou Histoire d'un jeune Homme. *Paris*, 1775, 2 *vol. in*-12.

832 Les Aventures de Robinson Crusoë. *Amst.* 1720, 4 *tom. en* 2 *vol. in*-12. *fig.*

833 Robinson dans son isle. *Lond.* 1775, *in*-12.

834 Voyages recréatifs du Chevalier de Quévédo. 1756, *in*-12.

835 Voyage de Paris à Saint-Cloud, & Retour. *in*-12.

836 Les mille & une Nuits, contes arabes, par Galland. *Paris*, 1774, 6 *vol. in*-12.

837 Les nouveaux Contes des Fées. *Paris*, 1724, *in*-12.

838 Les Fées, contes des contes. *Paris*, 1725, *in*-12.

839 Acajou & Zirphile, conte, par Duclos.
1744, *in-4. fig.*

Contes & Nouvelles.

840 Le Decameron de Bocace. *Lond.* 1762,
5 *vol. in-8. fig.*

841 Contes moraux, par M. Marmontel. *Paris,*
1765, 3 *vol. in-8. fig.*

842 Contes moraux, par M. Marmontel. *La
Haye,* 1771, 2 *tom.* 1 *vol. in-12.*

843 L'Homme, ou Tableaux de la Vie, par
l'Abbé Prevost. *Paris,* 1764, 3 *vol. in-12.*

844 Contes, Aventures & Faits singuliers, par
l'Abbé Prevost. *Lond.* 1784, 2 *vol. in-12.*
parch. vert.

845 Œuvres badines & morales de M. Cazotte,
Amsterdam, 1776, 2 *vol. in-8.*

846 Le Diable amoureux, par Cazotte. *Napl.*
1772, *in-8.*

847 Les Choses comme on doit les voir, par
M. de Bastide. *Lond.* 1756, *in-8.*

848 Les Œuvres de Madame de Ville – Dieu,
Paris, 1741, 9 *vol. in-12.*

849 Bibliotheque universelle des Romans. *Paris,*
1782, 2 *vol. in-4. br.*

850 Bibliotheque des Romans, ou Analyse raisonnée des Romans anciens & modernes.
Paris, 1782, 2 *vol in-4.*

851 Bibliotheque univerfelle des Romans, depuis juillet 1775, jufque y compris le mois de juillet 1787. 92 *vol. in*-12. *r. St. B.*

852 Choix d'Epifodes. 2 *vol. in*-12.

853 Œuvres de Madame Riccoboni. *Paris*, 1786, 8 *vol. in*-8. *fig. St. B.*

854 Amufemens des Gens du Monde. 1788, 2 *vol. in*-8. *br.*

855 Œuvres de Crébillon fils. *Lond.* 1772. 7 *tom.* en 4 *vol. in*-12.

856 Romans & Contes de Voifenon. *Londres*, 1775, 2 *vol. in*-12.

857 Œuvres de M. d'Arnaud. *Paris*, 1772 & fuite. 12 *vol. in*-8. *St. B. dont* 2 *de broch.*

858 Les Délaffemens de l'Homme fenfible, par M. d'Arnaud. 26 *vol. in*-12. *br.*

859 Les Amans malheureux, ou le Comte de Comminge, par M. d'Arnaud. *Amfterdam*, 1765, *in*-8.

Romans *fatyriques.*

860 Nugæ venales, five Thefaurus ridendi & jocandi. 1644, *in*-16.

861 Facetiæ facetiarum, hoc eft Joco-feriorum Liber. *Francoforti*, 1615, *in*-16.

862 Œuvres de maître François Rabelais, avec les fig. de B. Picart. *Amfterd.* 1741, 3 *vol. in*-4.

863 Pantagruel, Roi des Dipso. 1537, *in-16*.

864 Les Facécieuses Nuits du Seigneur Straparole. 1726, 2 *vol. in-*12.

865 Les Bigarrures du Seigneur des Accords. 1623, 2 *vol. in-*16.

866 La vraie Histoire comique de Francion. *Leyde*, 1721, 2 *vol. in-*12.

867 Recueil de ces Messieurs. 1745, *in-*12.

868 Les Manteaux. *La Haye*, 1746, *in-*12.

869 L'Art de désopiler la rate, par Panckoucke. *in-*12.

870 Le Festin joyeux, ou la Cuisine en musique. *Paris*, 1738, *in-*12.

871 Supplément au Roman comique, ou Mémoires de Jean Monnet. 2 *vol. in-*12.

872 Ragionamenti di Pietro Aretino, con commento delle Fiche. 1584, *pet. in-*8.

873 Il libro del Perche, colla pastorella di Marino, & la novella dell' Ang. Gabriello. *In Perusio*, 1514. (*Paris*, 1752). Dubbii amorosi, altri dubbii, e sonetti lussuriosi di Pietro Aretino. (*Paris*, 1757). *in-*16.

874 Joannis Meursii elegantiæ latini Sermonis, seu Aloisia. *Lugd. Batav. Elzevir*. (*Paris*, 1757) *in-*12. M.

875 Errotika Biblion, par le Comte de Mirabeau. *Rome*, 1783, *in-*8. *br*.

876 Les Aventures de la Madona & de François

d'Assise, par Renoult. *Amsterd.* 1745, *in-12. M.*

877 Le Moyen de parvenir, par Béroalde de Verville, *dernière édition. (Paris,* 1757.) 2 vol. *in-12.*

878 Imirce, ou la Fille de la Nature. *Londres,* 1776, *in-8.*

879 Thémidore, par l'Abbé Danet. 2 *tom.* 1 *vol. in-12.*

880 Semelion, Histoire véritable. 1700, 2 *tom.* en 1 *vol. in-12.*

881 Tanzaï & Neadarné, par Crébillon le fils. *Paris,* 1749, *in-12.*

882 Le Sopha, conte moral, par Crébillon le fils. 1750, 2 *tom.* 1 *vol. in-12.*

883 Le Sopha, par Crébillon le fils. *Pékin,* 1749, 2 vol. *in-16.*

884 Angola, histoire indienne, par le Chevalier de la Morlière. 1751, *in-12.*

885 Angola, histoire indienne, par le Chevalier de la Morlière. *Agra,* 1778, *in-12.*

886 Les Bijoux indiscrets, par Diderot, avec fig. 2 vol. *in-12.*

887 Le Pornographe, ou Idées d'un honnête homme pour un projet de Réglement pour les prostituées, par Rétif de la Bretonne. *Londres,* 1769, *in-8.*

888 La Paysanne pervertie. *La Haye,* 1786, 4 *tom.* en 2 vol. *in-12.*

889 Le Paysan perverti. *La Haye*, 1784, 5 *vol.* in-12.

890 Rezéda & Lycoris, ou la Courtisanne grecque. *Amsterd.* 1750, *in*-12.

891 Histoire de Mlle Fretillon. *La Haye*, 1752, *in*-12.

892 Felicia, ou mes Fredaines. 2 *tom.* 1 *vol.* in-12.

893 La Nonne éclairée. 1774, *in*-8. *br.*

HISTOIRE.

Géographes.

894 INTRODUCTION à la Géographie, par Sanson. *Paris*, 1714, *in*-4.

895 Dictionnaire géographique & historique, par Baudrand. *Paris*, 1705, 2 *tom.* 1 *vol.in-fol.*

896 Dictionnaire géographique, par Vosgien. *Paris*, 1747, *in*-8.

897 Grammaire géographique, par Gordon, 1748, *in*-8.

898 Dictionnaire historique de la Géographie sacrée, ancienne & moderne. *Paris*, 1759, *in*-8.

899 Cosmographie élémentaire, par M. Mentelle. *Paris*, 1781, *in*-8. *M.*

900 Cosmographie élémentaire, par M. Mentelle. *Paris*, 1785, *in*-4.

901

901 Histoire générale des Voyages, par l'Abbé
Prévost. *Paris*, 1749, 76 *vol. in*-12.

902 Voyages autour du monde, par M. de Pagés.
Paris, 1782, 2 *vol. in*-8.

903 Voyages autour du monde, par Bouguain-
ville. *Paris*, 1771, *in*-4. *br.*

904 Voyages en Asie dans les douze, treize &
quatorzième siècles, par Pierre Bergeron. *La
Haye*, 1735, 2 *vol. in*-4.

905 Voyages aux Indes orientales & à la Chine,
par Sonnerat. *Paris*, 1782, 3 *vol. in*-8.

906 Voyages dans les Mers de l'Inde, par M.
Legentil. *Paris*, *Imprimerie royale*, 1789,
2 *vol. in*-4. *br.*

907 Nouveau Voyage à la Mer du Sud. *Paris*,
1783, *in*-8.

908 Voyages dans l'Amérique, par M. Chastellux.
Paris, 1786, 2 *vol. in*-8. *br.*

909 Nouveau Voyage au Pérou. *Paris*, 1751,
in-12.

910 Voyage de M. Levaillant en Afrique. *Paris*,
1790, 2 *vol. in*-8. *br.*

911 Voyage au Cap de Bonne-Espérance, par
l'Abbé de la Caille. *Paris*, 1776, *in*-12.

912 Voyage de Phillip à Botany-Bay. *Paris*,
1791, *in*-8. *br.*

913 Voyage au Pôle boréal en 1773, par Jean
Phipps, trad. de l'anglais. *Paris*, 1775, *in*-4. *br.*

H

914 Troisième Voyage du capitaine Cook. *Paris*, 1785, 3 *vol. in*-8. *br.*

915 Recueil d'Observations faites en plusieurs Voyages, pour perfectionner l'Astronomie & la Géographie. *Paris*, *Imprimerie royale*, 1693, *in-fol. br.*

916 Voyage fait par ordre du Roi, en 1750 & 1751, dans l'Amérique, par M. de Chabert. *Paris*, *Imprimerie royale*, 1753, *in*-4. *br.*

917 Journal du Voyage du Marquis de Courtanvaux. *Paris*, *Imprim. royale*, 1768, *in*-4. *br.*

918 Paufanias, ou Voyages hiftoriques de la Grèce, trad. en français, par l'Abbé Gédoyn. *Paris*, 1731, 2 *vol. in*-4.

919 Voyage du jeune Anacharfis en Grèce, par l'Abbé Barthélemy. *Paris*, 1788, 7 *vol. in*-8. & 1 *vol.* d'Atlas *in*-4. *br.*

920 Voyage hiftorique de la Grèce. *Paris*, 1782, *tom.* 1er *in-fol. fig. br. en cart.*

921 Itinéraire des routes les plus fréquentées de l'Europe. *Paris*, 1775, *in*-8.

922 Itinéraire portatif, ou Guide des Voyageurs. 1781, *in*-12.

923 Voyage en Efpagne, par le Marquis de Langle. 1785, 2 *vol. in*-12. *br.*

924 Nouveau Voyage en Efpagne. *Paris*, 1788, 3 *vol. in*-8. *br.*

925 Voyages pittorefques, ou Defcription des

Royaumes de Naples & de Sicile. *Paris*, 1781, 2 *vol. in-fol. en parch. vert.*

926 Journal du Voyage de Montaigne en Italie, par Querlon. *Rome*, 1775, 2 *vol. in-12.*

927 Defcription des Alpes, par Bourrit. *Genève*, 1783, 2 *vol. in-8. br.*

928 Voyage de Mayer en Suiffe, en 1786. 2 *vol. in-8. br.*

929 Tableaux topographiques, pittorefques, phyfiques, hiftoriques de la Suiffe. *Paris*, 1780, *cinq parties, dont trois de reliées, & deux en feuilles. g. in-fol.*

930 Voyage philofophique d'Angleterre en 1783 & 1784. *Lond.* 1786, 2 *tom. en* 1 *vol. in-8.*

931 Voyages de Londres à Gênes, par Jofeph Baretti. *Amfterd.* 1777, 2 *vol. in-12.*

932 Voyage d'Italie & de Hollande, par l'Abbé Coyer. *Paris*, 1775, 2 *tom.* 1 *vol. in-12.*

933 Voyage d'Italie & de Hollande, par l'Abbé Coyer. *Paris*, 1775, 2 *tom. en* 1 *vol. in-12.*

934 Abrah. Golnitzii Ulyffes Belgico-gallicus, feu Itinerarium per Belgium & Galliam. *Amftel. Elzevir.* 1655, *in-16. vel.*

935 Un Atlas des dix-fept Provinces des Pays-Bas. *Enluminé, in-fol. br. Amfterd.* 1667.

936 Atlas élémentaire de l'Empire d'Allemagne, par M. l'Abbé Courtalon. *Paris*, 1774 *in-fol.*

937 Voyage de M. de Leffeps. *Paris, Imprimerie royale*, 1790, 2 *vol. in-8. br.*   H 2

Chronologues.

938 De la manière d'écrire l'Hiſtoire , par l'Abbé de Mably. *in-*12.

939 Hiſtoire de Diodore de Sicile , traduite du grec, par Jacques Amyot. *Paris* , 1585. *in-fol.*

940 Cl. Æliani varia Hiſtoria , græcè & lat. cum notis Variorum , edente Abraham Gronovio. *Lugd. Bat.* 1731 , 2 *vol. in-*4 , M. r.

941 Juſtini hiſtoriarum Lib. *Lugd. Batavorum* , *Elzevir.* 1640 , *in-*16.

942 Trogus & Juſtinus , cum notis Var. *Amſterd. Elzevir.* 1659 , *in-*8. *parch.*

943 L. Florus cum notis Variorum. *Amſtelod. Elzevir.* 1764 , *in-*8. *M.*

944 Valerii maximi dictorum & factorum Exempla. *Pariſiis* , 1587 , *in-*16.

945 Abrégé de l'Hiſtoire univerſelle , par Turſellin. *Paris* , 1757 , 4 *vol. in-*12.

946 Diſcours ſur l'Hiſtoire univerſelle , par Boſſuet. *Paris* , Didot , 1786 , 2 *vol. in-*8.

947 Diſcours ſur l'Hiſtoire univerſelle , par Boſſuet. *Paris* , Didot , 1784 , 4 *vol. in-*12.

948 Abrégé de l'Hiſtoire univerſelle , par Claude de Liſle. *Paris* , 1731 , 7 *vol. in-*12.

949 Tablettes chronologiques de l'Hiſtoire univerſelle , par Lenglet Dufreſnoy. *Paris* , 1778 , 2 *vol. in-*8.

950 Difcours fur l'Hiftoire, par le Comte d'Albon.
Genève, 1782, 2 *vol. in-12. br.*

951 L'Art de vérifier les dates, par les PP. Béné-
dictins. *Paris*, 1783, 8 *livraifons in-fol. en cart.*

952 Effai fur l'Hiftoire chronologique des Peuples
de l'antiquité, compofé pour l'éducation de
M. le Dauphin, par M. de la Borde. *Paris,
Imprimerie royale, in-4. br.*

953 Abrégé chronologique des principaux Faits
arrivés depuis la naiffance d'Hénoch jufqu'à la
naiffance de Jefus – Chrift, par M. Laborde.
Paris, 1789, *in-4. br.*

954 Théâtre du Monde, par Richer. *Paris*, 1788,
4 *vol. in-8. br.*

955 Œuvres du Père Maimbourg. *Paris*, 1678,
15 *vol. in-12.*

956 L'Antiquité dévoilée par fes ufages, par
Boulanger. *Amfterd.* 1766, 2 *vol. in-12.*

957 Hiftoire univerfelle, depuis le commencement
du monde jufqu'à préfent, par une Société de
Gens de Lettres. *Paris*, 1779; 120 *vol. in-8.*
r. *S. B.*

958 Hiftoire ancienne, par Rollin. *Paris*, 1737,
14 *vol. in-12.*

959 Hiftoire générale des Guerres, par le Chevalier d'Arcq. *Paris, Imprimerie royale,* 1756,
2 *vol. in-4. br.*

960 Les Siecles payens, ou Dictionnaire mytho-

logique , héroïque , par l'Abbé S * * * de
Caſtres. *Paris* , 1784 , 10 *vol. in*-12.

961 Dictionnaire portatif des Faits & Dits mé-
morables de l'Hiſtoire ancienne & moderne.
Paris , 1768 , 2 *vol. in*-8.

962 Tableau de l'Hiſtoire moderne, par le Chevalier de Mehégan. *Paris* , 1766 , 3 *vol. in*-12.

963 Mémoires ſecrets, tirés des archives des
Souverains de l'Europe , depuis le règne de
Henri IV, trad. du Vittorio Siri. *Amſterd.* 1767,
3 *vol. in*-12.

964 Les Œuvres de I. Sleïdan , qui concernent les
commentaires des quatre parties du monde,
Genève , 1574 , *in-fol.*

965 Hiſtoires tragiques de notre tems, par Guill.
Roſſet, *Rouen* , 1641 , *in*-12. *1. parch.*

966 Dictionnaire des Origines. *Paris* , 1777 ,
6 *vol. in*-12.

967 Dictionnaire d'Anecdotes. *Paris* , 1766 , *in*-8.

968 Hiſtoire générale de l'état préſent de l'Europe. *Londres* , 1774 , 2 *vol. in*-12. *br.*

969 Mémoires pour ſervir à l'Hiſtoire de l'Europe depuis 1600 juſqu'à 1716 , par le Père
d'Avrigny. *Niſmes* , 1783 , 2 *vol. in*-8.

970 Nouveaux Mémoires d'hiſtoire, de critique,
par l'Abbé d'Artigny. *Paris* , 1749 , 7 *vol. in*-12.

971 Hiſtoire du Traité de Weſtphalie , par le
Père Bougeant. *Paris* , 1744 , 7 *vol. in*-12.

972 Mémoires de M. de *** pour fervir à l'hiftoire des négociations de la paix de Riewick. *La Haye*, 1756, 3 *vol. in-12.*

973 Gallerie du feizième fiecle, par de Mayer. *Londres*, 1783, 2 *vol. in-8. br.*

974 Hiftoire abrégée du fiecle courant, depuis 1600 jufqu'à préfent. *in-12.*

975 Effai fur les grands événemens par les petites caufes, par Richer. *Amfterd.* 1758, *in-12.*

976 L'Efpion dans les Cours des Princes chrétiens. *Cologne*, 1739, 6 *vol. in-12.*

977 Pieces intéreffantes & peu connues. *Bruxelles*, 1781, 6 *vol. in-12.*

978 Variétés morales & amufantes, tirées des Journaux anglais. *Paris*, 1784, 2 *tom.* 1 *vol. in-12.*

979 Table de la Gazette de France, depuis 1631, jufqu'à 1765, *in-4.*

980 Collection du Mercure de France depuis 1771 jufqu'au premier Avril 1791. 272 *vol. in-12. M. R. Et plus, environ* 800 *tomes dépareilles.*

981 Tables généalogiques des Maifons fouveraines de l'Europe. *Strasbourg*, 1780, *in-4.*

982 Anecdotes littéraires, hiftoriques, & critiques. *Manufcrit*, *in-4.*

Hiftoire fainte.

983 Cérémonies, Mœurs & Coutumes religieufes de tous les peuples du monde, de l'Abbé Banier, fig. de Bernard Picard. *Paris*, 1741, 7 *vol. in-fol.*

984 Les Religions du monde, par Thomas la Grue. *Amfterd.* 1666, *in-4.*

985 La Vie d'Adam. *Paris*, 1695, *in-12.*

986 Hiftoire du Peuple de Dieu, par Berruyer. *Paris*, 1742, 23 *vol. in-12.*

987 Mœurs des Ifraélites & des Chrétiens, par Fleury. *Paris*, 1746, *in-12. M.*

988 Hiftoire de la guerre des Juifs, par Flavius Jofeph, traduit par Arnauld d'Andilly. *Amft.* 1700, 2 *vol. in-fol. fig.*

989 Cathéchifme hiftorique contenant l'Hiftoire fainte, par Fleury. *Paris*, 1734, *in-12. M.*

990 Abrégé chronologique de l'Hiftoire eccléfiaftique. *Paris*, 1751, 2 *vol. in-8.*

991 Abrégé chronologique de l'Hiftoire eccléfiaftique. *Paris*, 1757, 2 *vol. in-8.*

992 Abrégé de l'Hiftoire eccléfiaftique. *Utrecht*, 1748, 13 *vol. in-12.*

993 Œuvres pofthumes de l'Abbé Racine. *Avignon*, 1759, *in-12.*

994 Monarchie du Pontife de Rome. *Manufcrit. in-4.*

(81)

995 La Vie du Pape Sixte V. *Paris*, 1714, 2 *vol.*
in-12.

996 Traité hiftorique de l'Églife de Rome & de
fes Evêques. *Paris*, 168; , *in*-12.

997 L'Etat du Siege de Rome. *Cologne*, 1707,
2 *vol. in*-12.

998 Il Divortio celefte cagionato dalle diffolu-
tezze della fpofa romana (da Ferrante Pallavi-
cino). *Villafranca*, 1643, *in*-12.

999 Anecdotes eccléfiaftiques, extr. de Giannone.
Amfterd. 1753 , *in*-12.

1000 Relatione della corte di Roma, del Giro-
lamo Lunardo ; il maëftro di camera, di Franc.
Seftini ; è Roma Ricercata di Fior. Martinelli.
Venetia, 1689, *in*-16.

1001 La Vie des Saints, pour tous les jours de
l'année. *Paris* , 1688 , 4 *vol. in*-8.

1002 Les Vies des Saints de l'année. *Paris*,
1752 , *in*-12. M.

1003 Vies des Saints. 2 *vol. in*-16. *fig. en parch.*

1004 Vies des Pères, des Martyrs & des autres
principaux Saints. *Paris* , 1763, 5 *vol. in*-8.

1005 Hiftoire de Notre-Dame de Lieffe. *Laon*,
1728, *in*-8.

1006 La Vie de Ste Thérèfe, par de Villefore.
Paris, 1748, 2 *vol. in*-12.

1007 La Vie de la vénérable Mère Marie Alla-
coque, Religieufe de la Vifitation, par Languet.
Paris, 1729, *in*-4.   I

1008 Histoire de St. Kilda, trad. de l'anglais. *Paris*, 1782, *in*-12. *br.*

1009 L'Alcoran des Cordeliers, latin & français, avec fig. *Amsterd.* 1734, 2 *vol. in*-12.

1010 Histoire de don Inigo de Guipuscoa. *La Haye*, 1738, 2 *vol. in*-12.

1011 La Monarchie des Solipses de Melchior Inchofer. *Amsterdam*, 1753, *in*-12.

1012 Les Jésuites criminels de lèze-Majesté. *La Haye*, 1758, *in*-12.

1013 La Morale des Jésuites. *Mons*, 1667, *in*-4.

1014 Ludovici Montaltii Litteræ provinciales. *Coloniæ*, 1679, *in*-8.

1015 Les Provinciales, de Blaise Pascal. 1719, 3 *vol. in*-12.

1016 Les Provinciales, ou Lettres écrites par Louis Montalte (Bl. Pascal). *Cologne*, 1738, *in*-12.

1017 Les Entretiens des Voyageurs sur la mer. *La Haye*, 1740, 4 *vol. in*-12. *fig.*

1018 Mémoires pour servir à l'Histoire du Port Royal, par Fontaine. *Cologne*, 1753, 4 *vol. in*-12.

1019 Histoire de l'Ordre Militaire de St. Louis, par d'Aspect. *Paris*, 1775, 3 *vol. in*-8.

1020 Histoire de l'Ordre de St. Lazare de Jérusalem, par Gautier de Sibert. *Paris*, *Imprimerie royale*, 1772, *in*-4.

1021 L'Efprit des Croifades. *Amfterd.* 1780,
4 *vol. in-*12.

1022 Hiftoire du Calvinifme, par Maimbourg.
Paris, 1682, *in-*12.

Hiftoire ancienne.

1023 Mémoires fur l'Egypte ancienne & moderne,
par d'Anville. *Paris*, *Imprimerie royale*, 1756,
*in-*4. *br.*

1024 Recherches philofophiques fur les Egyptiens, par de Paw. *Berlin*, 1778, 2 *vol. in-*12.

1025 Thucydidis de Bello peloponefieco Lib.
VIII, gr. & cum lat. interpretatione Laurentii
Vallæ, ab Henrico Stephano recognita. *Fran-
cofurti*, *Wechel*, 1594. *in-fol.*

1026 Q. Curtii Rufi hiftoriarum Libri. *Lugd.
Batav. Elzevir.* 1660, *in-*16.

1027 Q. Curtii Hiftoria Alexandri magni, cum
notis Variorum. *Lugduni Batav.* 1658, *in-*8.

1028 Polybii, Diodori Siculi, Nicolai Damaf-
ceni, Dionyfii Halicarn. &c. excerpta, gr. &
lat. edente Henrico Valefio. *Parifiis*, 1634,
*in-*4. *vel.*

1029 Sexti Aurelii Victoris hiftoriæ romanæ Breviarium. 1616, *in-*8. *M.*

1030 Eutropii Breviarium hiftoriæ romanæ, cum
metaphrafi græçâ. *Lugd. Batav.* 1729, *in-*8. *M.*

1031 Titi Livii hiftoriarum dec. cum notis Var. *Amftelodami*, *Elzevir*. 1679, 3 *vol. in-8*.

1032 C. Crifpi Salluftii Opera omnia, cum notis Var. *Lugd. Batav*. 1677, *in-8. M*.

1033 C. Julii Cæfaris Commentarii. *Parifiis*, 1539, *in-12*.

1034 C. Julii Cæfaris Commentarii. *Amftelod*. 1628, *in-16*.

1035 C. Julii Cæfaris quæ exftant, cum notis Varior. *Amftel. Elzevir*. 1661, *in-8*.

1036 C. Cornelii Taciti hiftoriarum & annalium Libri qui exftant. *Antuerp*. 1574, *in-12*.

1037 C. Cornelii Taciti Opera quæ exftant, cum notis Var. *Amftelom. Elzevir*. 1672, 2 *vol. in-8*.

1038 Les Annales de Tacite. *Lyon*, 1661, *in-12*.

1039 Annales de Tacite, par Dotteville. *Paris*, 1774, 2 *vol. in-12*.

1040 Hiftoire de Tacite en latin & en français, avec des notes de Dotteville. *Paris*, 1772, 2 *vol. in-12*.

1041 Tibère, ou les fix premiers Livres de Tacite. *Paris*, 1768, 3 *vol. in-12*.

1042 Morceaux choifis de Tacite, par d'Alembert. *Paris*, 1784, 2 *vol. in-12. br*.

1043 Traduction de quelques Ouvrages de Tacite, par l'Abbé de Lableterie. *Paris*, 1755, 2 *vol. in-12*.

1044 C. Suetonii Tranquilli 12 Cæfares. *Lugduni*, 1544, *in-12*.

1045 Caii Suetonii tranquilli Opera, & Commentarius Samuelis Pitifci. *Trajecti ad Rhenum.* 1690, 2 *vol. in-8.*

1046 Hiftoire des douze Céfars de Suétone, par de Lille. *Paris ,* 1771. 2 *tom.* 4 *vol. in-8.*

1047 Hiftoire des douze Céfars de Suétone , lat. & fr. par de la Harpe. 2 *vol. in-8.*

1048 Herodiani hiftor. Lib. VIII, gr. & lat. cum interpretatione Angeli Politiani. *Parif. Henr. Steph.* 1581 , *in-4. vel.*

1049 Hiftoire romaine , de Laurent Echard. *Paris ,* 1737, 11 *vol. in-12.*

1050 Hiftoire des Révolutions de la République Romaine , par l'Abbé de Vertot. *Paris,* 1732, 3 *vol. in-12.*

1051 Hiftoire de Ciceron. *Paris,* Didot, 1743, 4 *vol. in-12.*

1052 Mémoires de la Cour d'Augufte , trad. de l'anglais de Blakwell, par Feutry. *Paris,* 1754, 2 *tom.* 1 *vol. in-12.*

1053 Découverte de la Maifon de campagne de Horace, par l'Abbé de Capmartin. *Rome,* 1767, 3 *vol. in-8.*

1054 Hiftoire des Révolutions de l'Empire Romain , depuis Conftantin jufqu'à la paix de Munfter. *Londres,* 1742, 2 *vol. in-12.*

1055 Hiftoire de la décadence de l'Empire Romain, par M. Gibbon. *Paris,* 1777, 3 *vol. in-8.*

1056 Suite de l'histoire & de la décadence de la chûte de l'Empire Romain, par Gibbon. *Lond.* 1777, *in-8. br.*

1057 Histoire de la décadence de l'Empire Romain, par Gibbon. *Paris*, 1788, 7 *vol. in-8.*

1058 Dictionnaire d'Antiquités, par Chompré. *Paris*, 1760, *in-16.*

1059 La Science des Médailles antiques & modernes. *Paris*, 1715, 2 *vol. in-12.*

1060 La Chasse aux Bibliographes & Antiquaires mal-avisés, par M. l'Abbé Rive. *Lond.* 1789, *in-8. br.*

Histoire de France, sous ses Rois.

1061 Histoire de France depuis l'établissemens de la Monarchie, jusqu'à Louis XIV, par Vély & Continuateurs. *Paris*, 1770, 15 *vol. in-4. fig.*

1062 Abrégé chronologique de l'Histoire de France, par le Président Hénault. *Paris*, 1756, 2 *vol. in-8.*

1063 Abrégé chronologique de l'Histoire de France, par le Président Hénault. *Paris*, 1775, 3 *vol. in-8.*

1064 Roberti Gaguini Annales Regum Francorum. *Parisiis*, 1528, *in-8.*

1065 Les trois Livres des Illustrations de Gaule, & Singularités de Troye. *Paris*, 1531, 2 *vol. in-16.*

1066 Les Portraits des Rois de France, par M.
Mercier. 4 vol. in-8.

1067 Anecdotes françaifes, depuis l'établiffement de la Monarchie. Paris, 1767, in-12.

1068 Abrégé chronologique de l'Hiftoire de
France, par Mezeray. Amflerd. 1682, 6 vol.
in-12.

1069 Hiftoire de France, avant Clovis. Paris,
1789, in-4.

1070 Le Berceau de la France. La Haye, 1744,
2 tom. en 1 vol. in-12.

1071 Clovis le Grand, premier Roi chrétien,
par Viallon. Paris, 1788, in-12. br.

1072 Hiftoire de Charlemagne, par Gaillard.
Paris, 1782, 4 vol. in-12.

1073 Hiftoire de Charlemagne, par Gaillard.
Paris, 1782, 4 vol. in-12. br.

1074 Hiftoire de Suger, Abbé de Saint-Denis,
par Gervaife. Paris, 1721, 3 vol. in-12.

1075 Hiftoire de Jeanne d'Arq. Orléans, 1743,
3 vol. in-12.

1076 Le Cabinet de Louis XI. in-8.

1077 Hiftoire de Louis XI, écrite par Jean
de Troyes. in-8.

1078 Hiftoire de Louis XI, par Duclos. Paris,
1745, 4 vol. in-12.

1079 Hiftoire de Charles VIII, Roi de France,
par Godefroi. Paris, Imprimerie royale, 1684,
in-fol. br.

1080 Hiſtoire de la Ligue, par Maimbourg.
Paris, 1693, 2 vol. in-12.

1081 Traité du Mariage de Henri III, Roi de
France. Rouen, 1609, in-12. M.

1082 Recueil de diverſes pieces pour ſervir à
l'Hiſtoire de Henri III, Roi de France, par
Létoile. Cologne, 1699, 2 vol. in-12.

1083 Recueil de diverſes pieces pour ſervir à
l'Hiſtoire de Henri III. Cologne, 1662, in-12.

*Hiſtoire de France ſous Henri IV, Louis XIII
& Louis XIV.*

1084 Hiſtoire du Roi Henri le Grand, par
Hardouin de Perefixe. Amſterd. 1661, in-16.

1085 Deſcription de l'Iſle des Hermaphrodites.
Cologne, 1724, in-12.

1086 Les Amours d'Anne d'Autriche avec le
Cardinal de Richelieu. 1696, in-4. Manuſcr.

1087 L'Eſprit de la Fronde, par l'Abbé Anquetil.
Paris, 1772, 5 vol. in-12.

1088 La Vie du Père Joſeph, Capucin. La Haye,
1705, in-12.

1089 Hiſtoire de la détention du Cardinal de
Rets, Archevêque de Paris. Vincennes, 1755,
in-12.

1090 Le Cabinet du Roi de France. 1682, in-12.

1091 Intrigues du Cabinet du Roi ſous Henry IV

&

(89)

& Louis XIII , par Anquetil. *Paris*, 1780 , 4 *vol. in*-12.

1092 Vie du Cardinal de Richelieu. *Cologne*, 1717 , 2 *vol. in*-12.

1093 Journal du Cardinal de Richelieu. *Paris*, 1665 , 2 *vol. in*-12.

1094 Recueil très-exact & très-curieux de tout ce qui s'est paſſé à l'Aſſemblée générale des Etats tenus à Paris, en 1614. *in*-4.

1095 La Vie de François Seigneur de la Noüe, *dit* Bras de fer. *Leyde, Elzevir.* 1661 , *in*-4.

1096 Hiſtoire de Louis XIV, par de la Martinicre. *La Haye*, 1740, 5 *vol. in*-4.

1097 Hiſtoire du Regne de Louis XIV , par Reboulet. *Avignon*, 1756, 9 *vol. in*-12.

1098 Le Siecle de Louis XIV , par Francheville (Voltaire). *Berlin*, 1752, 3 *vol. in*-12.

1099 Pieces curieuſes du Sr. de St. Germain, pour la défenſe de la Reine Mère de Louis XIII. 1643 , *in-fol.*

1100 La Vie de Montauſier, pair de France. *Paris*, 1729 , 2 *tom. en* 1 *vol. in*-12.

1101 Journal contenant tout ce qui s'est paſſé en la Cour du Parlement. *Paris* , 1648 , *in*-4.

1102 Hiſtoire de Turenne. *Amſterd.* 1749 , 4 *vol. in*-12.

1103 Hiſtoire de Philippe de Lorraine. *La Haye*, 1691 , *in*-12.

K

1104 Le Détail de la France sous le regne préfent. 1707, 2 *vol. in-12.*

1105 Teftament politique du Marquis de Louvois. *Cologne,* 1716, *in-12.*

1106 Vie du Maréchal de Villars. *Paris,* 1784, 4 *vol. in-12.*

1107 Gallerie de l'ancienne Cour. 1786, 3 *vol. in-12.*

1108 Les dernières Amours de Louis XIV avec Mlle Dutron, Niece de M. Bontemps. 1711, *in-4. Manufcrit. br.*

1109 Louis XIV, fa Cour & le Régent, par M. Anquetil. *Paris,* 1789, 4 *vol. in-12. br.*

1110 Apologie de Louis XIV, avec une differtation fur la journée de la St. Barthelemy, par l'Abbé de Caveyrac. 1758, *in-8.*

1111 Lettres de Louis XIV à Louis XV. 1733, *in-4. Manufcrit.*

Hiftoire de France, fous Louis XV & Louis XVI.

1112 Précis du Siecle de Louis XV, par Voltaire. *Genève,* 1769, 2 *tom.* 1 *vol.*

1113 Siecle de Louis XV, par Voltaire. *Genève,* 1769, 2 *vol. in-12. br.*

1114 Hiftoire de France depuis la mort de Louis XIV jufqu'à 1783, par Odoards. 3 *vol. in-12. br.*

1115 Annales politiques de l'Abbé du Caftel de St. Pierre. *Lond.* 1758, 2 *tom.* 1 *vol. in-12.*

1116 Recueil de différentes chofes, par le marquis de Laffay. *Laufanne,* 1756, 4 *vol. in-12.*

1117 Vie privée du Cardinal Dubois. *Londres,* 1789, *in-8. br.*

1118 Anecdotes du dix-huitieme fiecle. *Lond.* 1783, 2 *vol. in-12. br.*

1119 Traité de Paix entre le Roi & l'Empereur, en 1738. *Paris, Imprimerie royale,* 1739, *in-4. br.*

1120 Œuvres de Mad. de Staal. *Maftricht,* 1783, 2 *vol. in-12.*

1121 Fêtes données par la Ville de Paris, à l'occafion du Mariage de Madame Louife de France & de Don Philippe. *Paris,* 1740, *in-fol. M.*

1122 Defcrizione delle Fefte celebrate in Parma l'anno 1769, *in-fol. M.*

1123 Fêtes données par la Ville de Paris, à l'occafion du mariage de M. le Dauphin. 1745, *in-fol. M.*

1124 Fêtes données par la Ville de Strasbourg, pour la Convalefcence du Roi. *in-fol. M.*

1125 Defcription de la Fête donnée par la Ville de Paris, à l'occafion du Mariage de M. le Dauphin, en 1747, *in-fol. M. enluminé.*

1126 Relation de l'Arrivée du Roi au Havre,

en 1749. *Paris*, 1753 , *in-fol. M.*

1127 Fêtes données par la Ville de Paris , à l'occasion du Mariage de M. le Dauphin , en 1747 , *M.*

1128 Les Campagnes de Louis XV , par Gosmond. *in-4. fig.*

1129 Histoire des Campagnes du Roi. *Paris* , 1751 , *in-fol. M.*

1130 Remarques sur les avantages & les désavantages de la France. *Leyde* , 1754. *in-12.*

1131 L'Observateur Hollandais. *La Haye* , 1755, 3 *vol. in-12.*

1132 Histoire de la Guerre d'Allemagne , en 1756. *Genève* , 1784 , 1 *vol. in-4. br.*

1133 Procès de Damiens. *Paris* , 1757 , 4 *vol. in-12.*

1134 Histoire des Conquêtes de Louis XV , par Dumortous. *Paris* , 1759 , *in-fol. M.*

1135 Liberté de la France. *Amsterdam* , 1761 , *in-12.*

1136 Testament politique du maréchal de Belisle , par Maubert & Chévrier. *Amsterdam* , 1761 , *in-12.*

1137 Fastes de Louis XV. *Paris* , 1766 , 2 *vol. in-8.*

1138 Procès de La Chalotais. 1770 , 4 *volum. in-12. br.*

1139 Procès de La Chalotais. 1770 , 3 *vol. in-12.*

1140 Lettres provinciales, ou Examen impartial de la Conftitution & Révolution de la Monarchie françaife, par l'Abbé Ameilhon. 1772, *in*-8.

1141 L'Efpion Chinois, pour examiner l'état préfent de l'Europe. *Cologne*, 1774, 2 *tom. en 1 vol. in*-12.

1142 Teftament de Louis Henri de Bourbon. *in*-4. Manufcr.

1143 Anecdotes très-curieufes de la Cour de France, par Panage. *in*-4. Manufcr.

1144 Anecdotes fur la Comteffe du Barry. *Lond.* 1775, *in*-12.

1145 Sacre & Couronnement de Louis XVI. *Paris*, 1775, *in*-4. *fig*.

1146 La Sybile Gauloife, ou la France telle qu'elle fut; par de la Dixmerie. *Londres*, 1775, *in*-8.

1147 Maupeouana, ou Correfpondance de Maupeou. 1773, *in*-12.

1148 Journal hiftorique de Maupeou. *Londres*, 1774, 5 *vol. in*-12.

1149 Maupeouana, ou Recueil complet d'Ecrits patriotiques, pendant les années 1770 à 1774. *Paris*, 1775, 5 *vol. in*-8. *br*.

1150 Journal hiftorique de la Révolution opérée fous M. de Maupeou. *Lond.* 1776, 7 *vol. in*-8. *br*.

1151 Aux Mânes de Louis XV. *Aux deux Ponts,*
1776, 2 *tom en* 1 *vol. in-8.*

1152 Correspondance de M. le marquis de Mon-
talembert. *Lond.* 1777, 3 *vol. in-8. br.*

1153 L'Observateur, ou l'Espion anglais. *Lond.*
1777, 8 *tom. en* 10 *vol. in-12.*

1154 Essai sur la dernière Révolution de l'ordre
civil en France. *Lond.* 1780, 3 *vol. in-8. br.*

1155 Vie privée de Louis XV. *Lond.* 1781,
4 *vol. in-12.*

1156 Compte rendu au Roi, par M. Necker,
en 1781, *in-4. M.*

1157 Compte rendu au Roi en 1788, — sur
le Compte rendu au Roi en 1781, — &
Collection de Comptes rendus en 1787, par
M. Necker. 3 *vol. in-4. br.*

1158 Des Lettres de Cachet & des Prisons d'état,
par le comte de Mirabeau. *Hambourg,* 1782,
2 *vol. in-8. br.*

1159 Aux Bataves, sur le Stathouderat, par le
comte de Mirabeau. *in-8. br.*

1160 Apologie de la Bastille, par M......
Philadelphie, 1784, 1 *vol. in-8. br.*

1161 De la Caisse d'Escompte, par Mirabeau.
1785, *in-8. br.*

1162 L'Ecclésiastique citoyen. *Londres,* 1785,
in-12. br.

1163 Le Citoyen Français. *Londres,* 1785,
in-12. br.

1164 Le Mode français. *Lond.* 1786, *in-8. br.*

1165 Procès-verbal de l'Assemblée des Notables en 1787, *in-4 br.*

1166 Réponse de M. de Calonne à M. Necker *Londres*, 1788, *in-4 br.*

1167 Collection des Ouvrages pour & contre M. Necker. 3 *vol. in-12. br.*

1168 Petit Dictionnaire de la Cour & de la Ville. *Londres*, 1788, 2 *vol. in-12. br.*

1169 Requête au Roi, par le comte d'Espagnac. 1788, *in-4. br.*

1170 Administration des Finances, par M. Necker. 1784, 3 *vol. in-8. br. g. p.*

1171 Pétition d'un Citoyen opprimé, au Peuple Français. 1789, *in-8. br.*

1772 La Procédure criminelle du Châtelet, sur l'affaire arrivée à Versailles les 5 & 6 Octobre. 2 *vol. in-8. br.*

1173 Maison du Roi : ce qu'elle était, ce qu'elle est, ce qu'elle devrait être. *Paris*, 1789, *in-4. br.*

1174 Collection du Journal de Paris depuis 1777 jusqu'au 1er janvier 1790, 13 *vol. in-4. en* carton.

1175 Abrégé du Journal de Paris, années 1777, 1778, 1779, 1780, 1781. *Paris*, 1789, 2 *vol. in-4. en cart.*

1176 Collection du Courrier de l'Europe depuis 1776 jusqu'à 1786. 11 *vol. in-4. en cart.*

1177 Les 186 premiers Numéros des Actes des Apôtres , avec les épilogues.

Mémoires historiques de France.

1178 Mémoires de Me de Motteville, pour fervir à l'hiftoire d'Anne d'Autriche. *Amfterd.* 1723, 5 vol. *in-*12.

1179 Mémoires de Meffire Robert Arnauld d'Andilly. *Hambourg,* 1734, 2 *tom. en* 1 *vol. in-*12.

1180 Mémoires de l'état de la France fous Charles IX. *Meidelbourg,* 1578, 4 *vol. in-*8.

1181 Mémoires de Condé. *Lond.* 1743, 6 *vol. in-*4.

1182 Mémoire pour le Sr. Dupleix. *Paris,* 1759. *in-*4. *M.*

1183 Mémoires de Montrefor. *Cologne,* 1763, 2 *vol. in-*16.

1184 Mémoires de Philippe Hurault fous le regne de Henri III & Henri IV. *La Haye,* 1720, 2 *vol. in-*12.

1185 Mémoires de Madame de Maintenon. *Amfterdam,* 1755, 7 *vol. in-*12.

1186 Mémoires politiques & militaires pour fervir à l'hiftoire de Louis XIV & Louis XV, par l'Abbé Millot. *Paris,* 1776. *in-*12.

1187 Mémoires de Montchal. *Amfterd.* 1718, 2 *tom. en* 1 *vol. in-*12.

1188

1188 Mémoires de Mlle de Montpensier. *Amsterd.*
1730, 6 *vol. in-*12.

1189 Mémoires de Madame de Pompadour, écrits
par elle-même. *Liege*, 1768, 2 *tom.* 1 *vol. in-*12.

1190 Mémoires de la Porte, premier Valet-de-
Chambre de Louis XIV. *Genéve*, 1756, *in-*12.

1191 Mémoires & Vie privée du Maréchal de
Richelieu. *Paris*, 1790, 7 *vol. in-*8.

1192 Mémoires de M. le Duc de St. Simon. *Lond.*
1788, 7 *vol. in-*8. *br.*

1193 Mémoires du Comte de St. Germain. *Amsl.*
1779, *in-*8.

1194 Mémoires des sages & royales économies
d'état, domestiques, politiques & militaires, de
Henri le grand, par le Duc de Sully. *Amsterd.*
1667, 4 *tom.* 3 *vol. in-fol.*

1195 Mémoires de Sully. *Lond.* 1745, 8 *vol.*
*in-*12.

1196 Mémoires de l'Abbé Terrai. *Lond.* 1776,
*in-*12. *br.*

1197 Mémoires concernant les Finances sous le
ministère de l'Abbé Terrai. *Lond.* 1776, *in-*12.

1198 Mémoires sur la vie & les ouvrages de Turgot.
Paris, 1782, *in-*8. *br.*

1199 Mémoires du Duc de Villars. *Lond.* 1739,
3 *vol. in-*12.

1200 Mémoires d'Etat, par M. de Villeroy. *Amsl.*
1725, 7 *vol. in-*12.

1201 Mémoires du Maréchal de la Vieilleville. *Paris*, 1756, 5 *vol. in-12.*

1202 Mémoires secrets pour servir à l'histoire de la République des Lettres, par Bachaumont. *Londres*, 1777, 27 *tom. en* 36 *vol. in-12.*

1203 Mémoires des Commissaires du Roi & ceux de Sa Majesté Britannique. *Paris, Imprimerie royale*, 1755, 4 *vol. in-4. br.*

1204 Recueil de Mémoires & de Dissertations. *Amsterd.* 1769, *in-12.*

1205 Mémoires de M. du ***. *Paris*, 1722, *in-12.*

Traités sur l'Histoire de France.

1206 Observations sur l'Histoire de France, par l'Abbé de Mably. *Kehll*, 1788, 7 *vol.*   St. B.

1207 Dictionnaire historique des mœurs & coutumes des Français. *Paris*, 1767, 3 *vol. in-12.*

1208 Histoire de la vie privée des Français, par le Grand d'Aussi. *Paris*, 1782, 3 *vol. in-8.*

1209 Lettres d'un Français, par l'Abbé le Blanc. *La Haye*, 1745, 3 *vol. in-12.*

1210 De la Monarchie française & de ses Loix. *Bouillon*, 1783, 2 *vol. in-8. br.*

1211 Exposition & défense de notre Constitution monarchique française, par M. Moreau. *Paris*, 1789, 2 *vol. in-8. br.*

1212 Les vrais Principes du Gouvernement français. *Genève*, *in-8.*

1213 Hiftoire du Gouvernement français. *Lond.*
1788 , *in-8. br.*

1214 Confidérations fur le Gouvernement ancien
& préfent de la France. *Amfterd.* 1765 , *in-8.*

1215 Confidérations fur le Gouvernement de la
France , par le Marquis d'Argenfon. *Amfterd.*
1784 , *in-8.*

1216 Effais dans le goût de ceux de Montagne ,
par le Marquis d'Argenfon. *Amfterd.* 1785 , *in-8.*

1217 Recueil A jufqu'à Z. 24 *parties en 12 vol.*
in-12. St. B.

1218 Principes de morale & de politique , par
M. Moreau, Hiftoriographe de France. *Paris* ,
1777 , 11 *vol. in-8.*

1219 Précis d'une Hiftoire générale de la Vie
privée des Français. *Paris* , 1779, *in-8. M.*

1220 Les quatre Ages de la Pairie de France ,
par Zemganno. *Maeftricht* , 1775 , 2 *tom. en* 1
vol. in-8.

1221 Recherches & Confidérations fur les Finances
de France , depuis 1595 jufqu'à 1721 , par de
Fourbonnais. *Bafle* , 1758 , 2 *vol. in-4.*

1222 Abrégé hiftorique des Papiers royaux ,
depuis 1701 jufqu'à la majorité de Louis XV.
in-4. Manufcrit.

1223 Etat de la France , par de Boulainvilliers.
Lond. 1752 , 8 *vol. in-12.* L 2

1224 L'Etat de la France. *Paris*, 1749, 6 vol. *in-12.*

1225 Histoire du Parlement de Paris, par Voltaire. *Amsterd.* 1769, *in-8.*

1226 Dictionnaire généalogique héraldique, par Desbois. *Paris*, 1757, 7 vol. *in-12. en parch. vert.*

1227 Armorial des principales Maisons & Familles du Royaume, par Dubuisson. *Paris*, 1757, 2 vol. *in-12.*

1228 Etablissemens de St. Louis, Roi de France, par l'Abbé de St. Martin. *Paris*, 1786, *in-8. br.*

1229 Histoire de la Maison de Bourbon, par Desormeaux. *Paris, Imprimerie royale*, 1772, 4 vol. *in-4. br.*

1230 L'Origine de la très-illustre Maison de Lorraine. *Toul*, 1704, *in-8.*

1231 Noms, Qualités & Armes des Gouverneurs, Capitaines, &c. de la Ville & Prévôté de Paris. *in-fol. M.*

1232 Les Costumes français. *Paris*, 1776. *in-fol. br.*

1233 Le Théâtre d'honneur & de chevalerie, par André Favyn. *Paris*, 1620, *in-4.*

Histoire des Villes de France.

1234 Description générale & particulière de la France, dédiée au Roi. *Paris*, 1782, 4 vol. *in-fol. en cart. fig.*

1235 Description géométrique de la France, par Caſſini de Thury. *Paris*, 1783, *in-4. br.*

1236 Guide royal, ou Dictionnaire des Routes de toutes les Villes du Royaume, par Denis. *Paris*, 1774, *in-12.*

1237 Itinéraire de la France, ou Tableau général de toutes les Routes du Royaume. *Paris*, 1788, 2 *vol. in-8. br.*

1238 Voyage pittoreſque de la France, dédié au Roi. *Paris*, 1784, 5 *vol. g. in-fol. en cart.*

1239 Atlas géographique de la France, par Julien. 1751, *in-4.*

1240 Dictionnaire des Poſtes, par Guyot. *Paris*, 1754, *in-4.*

1241 Dictionnaire géographique & univerſel des Poſtes & du Commerce, par Guyot. *Paris*, 1782, 2 *vol. in-8.*

1242 Deſcription du Pont de pierre de Moulins, par M. de Régemortes. 1771, *in-fol. M.*

1243 Deſcription des projets de conſtruction des Ponts de Neuilly, Mantes, Orléans & autres, par M. Perronet. *Paris, Imprimerie royale,* 1782, 2 *tom.* 1 *vol. M.*

1244 Atlas chronologique & géographique de la Généralité de Paris. *Paris*, 1766, *in-fol.*

1245 Le Théâtre des Antiquités de Paris, par Jacq. du Breul Pariſien. *Paris*, 1639, *in-4.*

1246 Les Faſtes, Antiquités & choſes plus remarquables de Paris, par P. Bonfons. *Paris*, 1605, *in-8. fig.*

1247 Etat ou Tableau de la Ville de Paris. *Paris*, 1760, *in-8.*

1248 Tableau de Paris. *Hambourg*, 1781, 2 *vol. in-8. br.*

1249 Dictionnaire historique de la Ville de Paris & de ses environs. *Paris*, 1779, 4 *vol. in-8.*

1250 Recherches critiques, historiques, topographiques sur la Ville de Paris, par Jaillot. *Paris*, 1782, 5 *vol. in-8.*

1251 Nouveau Plan de la Ville & Fauxbourgs de Paris, par Jaillot. *Paris*, 1778, *in-fol. M.*

1252 Nouvelle Description des environs de Paris, par Dulaure. *Paris*, 1776, 2 *vol. in-16. br.*

1253 Nouvelle Description des environs de Paris, par Dulaure. *Paris*, 1786, 2 *vol. in-16. br.*

1254 Description de Paris, par Beguillet. *Paris*, 1777, *in-8. br.*

1255 Plan de la Ville de Paris, gravé sous les ordres de M. Turgot. 1739. *in-fol.*

1256 Essais historiques sur Paris, par de Saint-Foix; & nouveaux Essais sur Paris. 9 *vol. in-12.*

1257 Description de la Place Louis XV. *Paris*, *Imprimerie royale*, 1765, *in-fol. M.*

1258 Description des travaux qui ont précédé la fonte de la Statue de Louis XV. *Paris, Imprim. royale*, 1768, *in-fol. M.*

1259 Monumens à la gloire de Louis XV, par
Patte. *Paris*, 1765, *in-fol.*

1260 Discours sur les Monumens publics, par
l'Abbé de Luberfac. *Paris, Imp. roy. in-fol. M.*

1261 Description de l'Hôtel des Invalides, par
l'Abbé Perau, fig. de Cochin. *Paris*, 1756,
infol.

1262 L'Inquisition française, ou Histoire de la
Bastille, par Constantin de Renneville. *Amst.*
1724, 5 *vol. in-12.*

1263 Description de Versailles & de Marly, par
Piganiol de la Force. *Paris*, 1741, 2 *vol. in-12.*

1264 Histoire du Duché de Valois, depuis les
Gaulois jusqu'en 1703. *Paris*, 1764, 3 *vol. in-4.*

1265 Lettres sur la Chambre du Commerce de
Normandie. *in-8. br.*

1266 Voyage d'Auvergne, par M. le Grand
d'Aussy. *in-8. br.*

1267 Recherches sur les volcans du Vivarais &
du Vélay. *Grenoble*, 1778, *in-fol.*

1268 Canal de Provence, ou Canal d'Aix à Marseille, par Floquet. *Paris*, 1756, *in-8.*

Histoire Étrangère.

1269 Castrucii Bonamici Commentariorum de
Bello Italico Lib. *Lugd.* 1750, 3 *vol. in-8. br.*

1270 Istoria civile del regno di Napoli di

Pietro Giannone. *La Haya*, 1753, 4 *vol. in-*8.

1271 Histoire du Mont-Vésuve. *Paris*, 1742, *in-*12.

1272 Abrégé chronologique de l'Histoire d'Espagne & de Portugal. *Paris*, 1765, 2 *vol. in-*8.

1273 Histoire du règne de Philippe II, Roi d'Espagne, par Watson. *Amsterd.* 1777, 3 *vol. in-*12.

1274 Portrait de Philippe II, Roi d'Espagne. *Amsterd.* 1785, *in-*8. *br.*

1275 Mémoires de Carvalho & Mélo, Marquis de Pombal, 1784, 4 *vol. in-*12.

1276 Administration du Marquis de Pombal. *Amsterd.* 1788, 4 *vol. in-*8. *br.*

1277 La Vie du Duc de Ripperda. *Amsterdam*, 1739, 2 *vol. in-*12.

1278 Testament du Cardinal Albéroni. *Lausanne*, 1753, *in-*12.

1279 Histoire du Stadhouderat, par M. l'Abbé Raynal. 1750, 2 *vol. in-*12.

1280 Description de la Ville d'Amsterdam, en Vers burlesques. *Amsterd.* 1666, *in-*12.

1281 Lettres sur la Suisse, adressées à Madame ..... en 1783, 2 *vol. in-*8. *br.*

1282 Abrégé chronologique de l'Histoire d'Angleterre, par Salmon. *Paris*, 1751, 2 *vol. in-*8.

1283 Histoire des Révolutions d'Angleterre, par le Père d'Orléans. *Paris*, 1724, 4 *vol. in-*12.

1284

1284 Histoire des progrès de la puissance d'Angleterre. *Paris*, 1786, 2 *vol. in*-12. *br.*

1285 Anecdotes de la Cour du règne d'Edouard II, Roi d'Angleterre. *Paris*, 1776, *in*-12.

1286 Histoire d'Élisabeth, Reine d'Angleterre, par Mlle Keralio. *Paris*, 1786, 5 *vol. in*-8. *br.*

1287 Vie du Chancellier Baçon. *Amsterd.* 1755, 1 *vol. in*-12.

1288 La Vie de Cromwel. *Amsterd.* 1744, 2 *vol. in*-12.

1289 La Vie d'Olivier Cromwel, par Grégoire Leti. *Amsterd.* 1746, 2 *vol. in*-12.

1290 Nouveaux Mémoires du Chevalier Temple. *La Haye*, 1729, *in*-12.

1291 Londres, par Groslier. *Lausanne*, 1770, 3 *vol. in* 12.

1292 Essai sur l'histoire de la Maison d'Autriche, par le Comte d..... *Paris*, 1778, 6 *in*-12. *r. St. B.*

1293 Annales du règne de Marie Thérèse. *Paris*, 1775, *in*-4. *br.*

1294 Annales du règne de Marie Thérèse, par Fromageot. *Paris*, 1775, *in*-4.

1295 Mémoires de la Maison de Brandebourg, par le Roi de Prusse, Fréderic II. 1750, 2 *vol. in*-8. *M.*

1296 Histoire secrette de la Cour de Berlin, par le Comte de Mirabeau. 1789, 2 *vol. in*-8. *br.*

M

1297 Mémoires du Baron de Trenck. *Paris*, 1788, 3 *vol. in-12. br.*

1298 Continuation des Révolutions de Suede de l'Abbé de Vertot. *Paris*, 1777, *in-12.*

1299 Continuation de l'hiftoire, ou Révolutions de Suede, contenant l'hiftoire d'Eric XIV, Roi de Suede. *Paris*, 1777, *in-12.*

1300 Hiftoire de Charles XII, Roi de Suede, par J. A. Norberg. *La Haye*, 1748, 4 *vol. in-4.*

1301 Hiftoire de la dernière Révolution de Suede, par le Scene des Maifons. *Paris*, 1781, *in-12.*

1302 Hiftoire générale de Pologne, par le Chevalier de Solignac. *Paris*, 1750, 5 *vol. in-12.*

1303 Hiftoire de Pierre le Grand, Empereur de Ruffie. *Amfterd.* 1742, *in-4.*

1304 Monument élevé à la gloire de Pierre le Grand. *Paris*, 1777, *in-fol. M.*

1305 Les Plans & Statuts de Catherine II, pour l'éducation de la jeuneffe. *Amfterd.* 1775, 2 *tom.* en 1 *vol. in-4. br.*

1306 Hiftoire de la Guerre entre la Ruffie & la Turquie, en 1769. *Pétersbourg*, 1773, *in-8. br.*

Hiftoire Exturopéenne.

1307 Bibliotheque orientale, par d'Herbelot. *Paris*, 1781, 6 *vol. in-8. br.*

1308 Histoire de l'Empire Ottoman, par Briot. *Amsterdam*, 1714, *in-12.*

1309 Histoire du règne de Mahomet II, Empereur des Turcs, par Guillet. *Paris*, 1681, 2 *vol. in-12.*

1310 Mémoires du Baron de Tott. *Amsterd.* 1784, 2 *vol. in-8. br.*

1311 Lettres sur l'Egypte ; Lettres sur la Grèce, par Savary. *Paris*, 1785, 2 *vol. in-8. br.*

1312 Les Ruines des plus beaux Monumens de la Grèce, par M. Leroy. *Paris*, 1758, *in-fol.*

1313 Recherches philosophiques sur les Egyptiens & les Chinois, par Paw. *Amsterd.* 1773, 2 *vol. in-12. br.*

1314 Histoire de Perse depuis le commencement de ce siècle. *Paris*, 1740, 3 *vol. in-12.*

1315 Description de la Chine, par l'Abbé Grosier. *Paris*, 1787, 2 *vol. in-8. br.*

1316 Histoire & Description générale du Japon, par le P. de Charlevoix. *Paris*, 1736, 2 *vol. in-4.*

1317 Histoire du Royaume de Siam, par M. Turpin. *Paris*, 1771, 2 *vol. in-12.*

1318 Description de l'Isle Formosa en Asie, par Georges Psalmanaazaar. *Amsterd.* 1705, *in-12.*

1319 Etat civil & politique du Bengale, par Demeunier. *La Haye*, 1775, 2 *tom. en* 1 *vol. in-8.*

1320 Recherches philosophiques sur les Américains, par Paw. *Berlin*, 1768, 3 *vol. in-8.*

1321 Recherches philosophiques sur les Américains. *Londres*, 1774, 3 *vol.*, *in-12. br.*

1322 Lettres sur l'Irlande, par de Troil. *Paris*,
1781, *in-8.*

1323 Observations sur la Virginie, traduit de
l'anglais. *Paris*, 1786, *in-8. br.*

1324 Histoire de Kenturcke, nouvelle Colonie
de la Virginie, par Parraud. *Paris*, 1785, *in-8.*

1325 Histoire des Amazones, anciennes & modernes, par l'Abbé Guyon. *Paris*, 1740, 2 *tom.*
1 *vol. in-12.*

1326 Essai sur cette question : Quand & comment
l'Amérique a-t-elle été peuplée ? *Amsterd.*
1767, 4 *vol. in-12.*

1327 Histoire philosophique du commerce des
deux Indes, par M. l'Abbé Raynal. *Genève*,
1781, 10 *vol. in-8.*

1328 Esprit & Génie de M. l'Abbé Raynal. *Genève*,
1782, *in-8.*

1329 Essais historiques & politiques sur les Anglo-
Américains, par Hillard d'Auberteuil. *Bruxelle*
1781, 2 *vol. in-8.*

1330 Histoire naturelle de l'Islande, du Groen-
land. *Paris*, 1750, 2 *vol. in-12.*

1331 Histoire de l'Amérique, par Robertson.
Maestricht, 1777, 4 *vol. in-12.*

1332 Histoire de l'Isle espagnole ou de St. Do-
mingue, par P. François Xavier de Charlevoix.
Paris, 1730, 2 *vol. in-4.*

1333 Mœurs des Sauvages américains, par Lafi-
teau. *Paris*, 1724, 2 *vol. in*-4.

1334 Histoire de la Nouvelle France, par le P.
Charlevoix. *Paris*, 1744, 3 *vol. in*-4.

Vies des Hommes illustres.

1335 Vies des Hommes illustres de Plutarque,
traduites du grec par Amyot, avec des notes &
observations, par l'Abbé Brotier. *Paris*, 1783,
22 *vol. in*-8. *gr. p. br.*

1336 Diogenis Laertii de vita & moribus Philo-
sophorum Libri X. *Lugduni*, 1551, *in*-12.

1337 Vie d'Apollonius de Tyane. *Amsterdam*,
1779, 4 *vol. in*-12. *r. St. B.*

1338 Dictionnaire historique, par une Société de
Gens de Lettres. *Amsterd.* 1766, 4 *vol. in*-8.

1339 Dictionnaire historique & critique, par
Bayle. *Amsterd.* 1740, 4 *vol. in-fol.*

1340 Dictionnaire historique, par Prosper Mar-
chand, faisant suite au Dictionnaire de Bayle.
La Haye, 1748, 2 *tom. en* 1 *vol. in-fol.*

1341 Remarques critiques sur le Dictionnaire de
Bayle. *Paris*, 1748, *in-fol.*

1342 Œuvres de Bayle. *La Haye*, 1727, 4 *vol.
in-fol.*

1343 Commentaire philosophique sur ces paroles
de Jesus-Christ : *Contrains-les d'entrer*, par
Bayle. *Amsterd.* 1713, 2 *vol. in*-12.

1344 Analyſe raiſonné de Bayle , ou Abrégé méthodique de ſes Ouvrages , par Marſy & Robinet. *Lond.* 1755 , 8 *vol. in*-12.

1345 Extrait du Dictionnaire critique de Bayle, par ordre de Fréderic II, Roi de Pruſſe. *Berlin*, 1767 , 2 *vol. in*-8.

1346 Le grand Dictionnaire hiſtorique, par Morery. *Paris* , 1732 , 6 *vol. in-fol. Supplément*, 4 *vol.* 1735.

1347 Dictionnaire des Portraits hiſtoriques des Hommes illuſtres. *Paris* , 1768 , 3 *vol. in*-8.

1348 La Gallerie des Femmes fortes, par Pierre Lemoyne. *Paris* , 1647 , *in-fol. avec fig.*

1349 La Gallerie des Femmes fortes, par Lemoyne, 1667 , *in*-12.

1350 Hiſtoire des Troubadours, par de Foncemagne. *Paris* , 1774 , 4 *vol. in*-12. *St. B.*

1351 Les grands Hommes vengés , par des Sablons. *Amſterdam* , 1769 , *in*-12.

1352 Les Vies des Hommes illuſtres de la France, par d'Avrigny. *Paris* , 1739 , 20 *vol. in*-12.

1353 Les trois Siecles de la Littérature françaiſe, par l'Abbé Sabatier de Caſtres. *La Haye*, 1779, 3 *vol. in*-12.

1354 Mémoires ſecrets de la République des Lettres, par le Marquis d'Argens. *Amſterdam* , 1744 , 7 *vol. in*-12.

1355 Hiſtoire des Membres de l'Académie

française, par d'Alambert. *Paris*, 1787, *6 vol. in-12. br.*

1356 Le Parnasse français, par Titon Dutillet. *Paris*, 1732, *in-fol.*

1357 Première Partie d'une Biographie des Hommes illustres d'Allemagne, avec figures. *Manheim*, 1785, *in-fol.*

1358 Extrait des différens Ouvrages sur la Vie des Peintres. *Paris*, 1776, *2 vol. in-8. t. St. B.*

1359 Mémoires du Marquis de Guiscard. *Delft*. 1705, *in-12.*

1360 Mémoires de Jean-Baptiste de la Fontaine. 1699, *1 vol. in-12.*

1361 Mémoires de M. Goldony. *Paris*, 1787, *3 vol. in-8. br.*

Histoire littéraire, & Bibliographie.

1362 Correspondance secrette, politique & littéraire. *Londres*, 1787, *14 vol. in-12. St. B.*

1363 Lettres critiques sur divers Ecrits de nos jours. *Lond.* 1741, *2 vol. 1 vol. in-12.*

1364 La France littéraire. *Paris*, 1769, *3 vol. in-8.*

1365 Bibliothèque française, ou Histoire de la Littérature française, par l'Abbé Goujet. *Paris*, 1756, *18 vol. in-12.*

1366 L'Origine de l'Imprimerie de Paris, par André Chevillier. *Paris*, 1694, *in-4.*

1367 Conseils pour former une Bibliotheque ,
par Formey. *Berlin* , 1755 , *in-12.*

1368 Nouvelle Bibliotheque d'un homme de
goût. *Paris* , 1767 , 4 *vol. in-12.*

1369 Mélanges d'une grande Bibliotheque, par le
Marquis de Paulmy , Bastide , & autres. *Paris* ,
1769 , 68 *vol. in-8. r. S. B.*

1370 Dictionnaire typographique, historique &
critique des Livres rares, par Osmont. *Paris* ,
1768 , 2 *vol. in-8.*

1371 Bibliographie instructive , ou Traité de la
connaissance des Livres rares & singuliers, par
Debure le jeune. *Paris*, 1768 , 9 *vol. in-8. en cart.*

1372 Catalogue des Livres de la Bibliotheque du
Roi. *Paris, Impr. royale* , 1753 , 9 *vol. in-fol.*

1373 Bibliotheca Telleriana , sive Catalogus Librorum Bibliothecæ. Mich. le Tellier. *Paris* ,
Impr. royale , 1683 , *in-fol.*

1374 Bibliotheca Fayana , seu Catalogus Librorum
Bibliothecæ ill. viri D. Car. Hieronimi de
Cisternay Du Fay, avec les prix. *Paris* , 1725 ,
in-8.

1375 Catalogue des Livres du Cabinet de Boze ,
avec les prix. *Paris* , 1753 , *in-8.*

1376 Catalogue des Livres de feu l'Abbé d'Orléans
de Rothelin , avec les prix. *Paris* , 1746 , *in-8.*

1377 Catalogue des Livres de Giraud de Mouchy,
avec les prix. *Paris* , 1753 , *in-8.*

MUSIQUE.

MUSIQUE.

PARTITION de :

On ne s'avife jamais de tout ;
Les Sabots ;
Le Cadi dupé ;
Le Sorcier ;
Les deux Chaffeurs & la Laitière ;
Le Tonnelier ;
Atys ;
La Clochette ;
L'Amant jaloux ;
L'Infante de Zamora ;
Les Evénemens imprévus ;
Acajou ;
Roland ;
Ifabelle & Gertrude ;
Le Sabot perdu ;
Plufieurs parties féparées de différens
  Opéras ;
Journal d'Ariettes italiennes, par Le
  Bailleux ;
Et autres Pieces de Mufique.

N

ESTAMPES.

Eſtampes en Porte-Feuilles.

1 **L**A grande Gallerie de Verſailles, & les deux Sallons qui l'accompagnent, peints par Le Brun, premier Peintre de Louis XIV. *Paris, Imprim. royale*, 1752, — & le grand Eſcalier du Château, peint par le même.

2 Les ſix Eſtampes, d'après Raphaël, & gravées par Volpato, à Rome.

3 { Charles premier, d'après Vandick, gravé par Strange.
Le Portrait de la Reine d'Angleterre, par le même, faiſant pendant à Charles premier. *Belle Épreuve.*

4 Le Portrait de Charles premier, d'après Vandick, par Maſſard.

5 Louis XV, d'après Vanloo, par Cathelin.

6 La Mort du Chevalier d'Aſſas, d'après Cazanova, par Laurent.

7 Le Portrait du Prince Kaunitz, d'après P. Calbo, par J. G. Haïd.

8 Le Sacre de Louis XVI, avec une eſtampe repréſentant une famille.

(115)

9 Le Repos du plaisir de Carlo, par Émery.

10 *Six Sujets gravés à Londres, dont Cupidon,*
une Sainte Famille, &c.

11 { Le Retour au hameau;
{ Les Vœux accomplis.

12 L'Innocence se refugiant dans les bras de la
Justice, d'après Madame Le Brun.

13 M. le Dauphin & Madame Royale, de
Madame Le Brun, par Maurice Blot.

14 L'Art de vérifier l'âge des miniatures, par
M. l'Abbé Rive. 26 *Sujets.*

15 {
{ 19 Sujets des Contes de la Fontaine.
{ Acheve ton ouvrage, n'oublie pas la der-
{ nière, par Elluin.
{ Pensent-ils à ce mouton? d'après Boucher,
{ par Madame Jourdan.
{ Ulysse enlevant le fils d'Andromaque, de
{ la Gallerie de Pétersbourg.

16 Estampes du Cabinet de M. Le Brun, & autres,
dix Livraisons.

17 Les Aventures de Télémaque, *impr. Didot,*
& les Estampes d'après les dessins de Monnet,
par Tilliard, *en feuille.*

18 24 Sujets de différents costumes du dix-huitième
siècle, d'après Moreau.

19 22 Sujets de Don Quichotte, d'après Houdry.

20 4 Sujets, dont Adam & Eve, d'après Barbier,
par Serane.

21 Un Porte-Feuille contenant environ 63 vues enluminées & en blanc.

22 Les illustres Français, ou Tableau historique des grands Hommes de France, dédié à M. d'Artois, par Ponce, son Graveur, *cinq Livraisons*.

23 Arabesques antiques des Bains de Livie, par Ponce.

24 Description des Bains de Titus, par Ponce, *trois Livraisons*.

25 Traité d'Anatomie, par M. Vicq-d'Azyr, *quatre Livraisons*.

26 Différentes Statues antiques pour le Dessin, d'après Raphaël.

27 Figures de l'Histoire romaine, accompagnées d'un Précis historique au bas de chaque Estampe, *neuf Livraisons*.

28 Histoire naturelle, ou Exposition générale de toutes ses parties, par Gautier d'Agoty. *Paris*, 1781, 4 *Cahiers*.

29 Œuvres de Gesner, fig. *neuf Livraisons*.

30 Un Jeu d'oie, peint en miniature sur papier velin, couvert en maroquin.

31 Les Estampes & les Cartes, pour l'Histoire de France de Velly.

32 Un Carton contenant 150 Sujets, Vignettes, Contes de la Fontaine, & autres.

33 20 Sujets d'après Greuse, Pirenées, &c.

34 58 Sujets, dont différentes Vignettes, d'après
Boucher, Barbier, Leprince, le Portrait de M.
Necker, & quelques Sujets en manière noire.

35 La Colonne Trajanne & la Colonne Antonine
à Rome, posées sur toile.

36 34 Cartes, dont deux suites des environs de
Paris, par l'Abbé de la Grive, dont une sur
toile & enluminée. Les Environs de Paris, par
Dom Coutan.

37 29 Cartes & Plans, dont, environs de Paris,
par l'Abbé de la Grive, en blanc, & les Plans
de Paris, Versailles, St. Cloud, &c.

38 Nouvelle Topographie de la France, par
Robert de Hesseln, *en vingt-cinq feuilles*.

39 Atlas géographique, par M. Mentelle, *neuf
Livraisons*, & les deux de Plans.

40 Géographie comparée, par M. Mentelle, &
sa Cosmographie, 10 *vol. in-8. br. avec neuf
Livraisons de Cartes*.

41 Un Porte-Feuille contenant différentes fleurs
enluminées, & différents Sujets d'Opéras co-
miques.

42 Cartes de la route de Madame la Dauphine,
de Strasbourg à Versailles, dans son étui, &
celle de la Forêt de Sénard, dans son étui.

Estampes montées.

43 Agar reçu par Abraham d'après Van-Dyk, par
Massard.

44 Le Portrait de M. de Villars, par Drevet.

45 Un Deſſin allégorique, dédié à la Reine, par
Guiard.

46 Minerve écarte le Dieu de la guerre, & pro-
tége la Fécondité, de Rubens, par Henriquez.

47 Le Parnaſſe français.

48 Le Sacre de Louis XVI.

49 Le Portrait de Louis XV, de Vanloo, par
Cathelin.

50 Angélique & Medor, & Vénus & l'Amour,
de Blanchard, par Vojez l'aîné.

56 Portrait du Cardinal Fleury.

52 Le Père de famille, de Greuſe, par Cars.

53 3 Portraits, ſavoir: Louis XVI. de Boſſe,
Franklin, & Piccini.

54 Deux petites Marines peintes ſur toile.

A VERSAILLES, de l'Imprimerie de COSSON,
Avenue de St. Cloud, Nº. 41. 1791.

DISTRIBUTION DES SÉANCES

DE LA VENTE.

Lundi 9 Janvier.

DROIT,	Nos.	87	à	92 y compr.
Sciences & Arts,		127	à	148
Belles-Lettres,		389	à	417
Romans,		713	à	730
Hiſtoire,		894	à	933

Mardi 10.

Théologie,	Nos.	15	à	27
Sciences & Arts,		149	à	170
Belles-Lettres,		418	à	444
Romans,		731	à	746
Hiſtoire,		934	à	973

Mercredi 11.

Droit,	Nos.	93	à	99
Sciences & Arts,		171	à	192
Belles-Lettres,		445	à	471
Romans,		747	à	762
Hiſtoire,		974	à	1013

Jeudi 12.

Théologie,	Nos.	1	à	14
Sciences & Arts.		193	à	214
Belles-Lettres,		472	à	498
Romans,		763	à	780
Hiſtoire,		1014	à	1053

Vendredi 13.

Droit,	Nos.	100	à	105
Sciences & Arts,		215	à	236
Belles-Lettres,		499	à	524
Romans,		781	à	797
Hiſtoire,		1054	à	1093

Samedi 14.

Théologie,	Nos.	28	à	41
Sciences & Arts,		237	à	257
Belles-Lettres,		525	à	548
Romans,		798	à	813
Hiſtoire,		1094	à	1133

Lundi 16.

Droit,	Nos.	106	à	113
Sciences & Arts,		258	à	280
Belles-Lettres,		549	à	564
Romans,		814	à	839
Hiſtoire,		1134	à	1173

Mardi 17.

Théologie,	Nos.	42	à	56
Sciences & Arts,		281	à	307
Belles-Lettres,		565	à	592
Romans,		840	à	859
Hiſtoire,		1174	à	1213

Mercredi 18.

Droit,	Nos.	114	à	119
Sciences & Arts,		308	à	324
Belles-Lettres,		593	à	625
Romans,		860	à	871
Hiſtoire,		1214	à	1253

Jeudi 19.

Théologie,	Nos.	57	à	73
Sciences & Arts,		325	à	345
Belles-Lettres,		626	à	654
Romans,		872	à	880
Hiſtoire,		1254	à	1294

Vendredi 20.

Droit,	Nos.	120	à	126
Sciences & Arts,		346	à	370
Belles-Lettres,		655	à	680
Romans,		881	à	893
Hiſtoire,		1295	à	1334

Samedi 21.

Théologie,	Nos.	74	à	86
Sciences & Arts,		371	à	388
Belles-Lettres,		681	à	712
Hiſtoire,		1335	à	1377

Lundi 23.

Muſique & Eſtampes.